ZEITGUT

Florentine Naylor

Späte Früchte für die Seele
Gedanken, die das Alter erquicken

Florentine Naylor, geb. Jancke, geb. 1922 in Grünberg in Schlesien. 1942 Abitur in Lübeck, Studium für Journalismus in Berlin, abgebrochen. Ausbildung zur Keramikerin in Bunzlau, durch Kriegseinflüsse nicht vollendet. Seit 1943 mit dem Textilingenieur Hans Edmund Naylor verheiratet, 3 Kinder. 1953 nach Aalborg in Dänemark verzogen. 1956 nach Leiden, später nach Tilburg in Holland verzogen. Lebt seit 1968 wieder in Deutschland. War vereidigte Dolmetscherin der niederländischen Sprache. Tätig als Übersetzerin für Buchverlage und Gerichte. Lebt in der Nähe von Lübeck. Seit 1999 verwitwet.

Florentine Naylor

Späte Früchte
für die Seele

Gedanken, die das Alter erquicken

Zum Lesen und Vorlesen

Zeitgut Verlag

Umschlagbild vorn:
Aquarell der Verfasserin, Herbstäpfel in Techau.

www.zeitgut.de

Bibliografische Information Der Deutschen Bibliothek
Die Deutsche Bibliothek verzeichnet diese Publikation in der Deutschen
Nationalbibliografie; detaillierte bibliografische Daten sind im Internet
über http://dnb.ddb.de abrufbar.

© 2011 by Zeitgut Verlag GmbH, Berlin,
Zeitgut Verlag GmbH
Klausenpaß 14, 12107 Berlin
Telefon 030 - 70 20 9 3 0, Telefax 030 - 70 20 93 22
E-Mail: info@zeitgut.de
www.zeitgut.de
Lektorat und Auswahl: Isabella Busch, Berlin
Umschlaggestaltung: Daniel Kreisel, Berlin
Druck: GGP Media GmbH, Pößneck
Printed in Germany
ISBN 978-3-86614-198-8

Inhalt

Solarlicht in der Dämmerung

Solarlicht ist gespeicherte Sonne. Irgendwann hörte ich mal, dass Atlantis untergegangen sei, weil man derzeit die Kräfte der Sonne missbraucht habe. Das hatte mich sehr beschäftigt, und ich wollte auf keinen Fall Solarlämpchen im Garten haben. Eine energische Nichte, der ich von meinen Bedenken berichtete, sagte nur:

„Quatsch! Mit diesen Lämpchen missbrauchst du doch das Sonnenlicht nicht! Im Gegenteil, du ehrst es durch deine Freude."

Und schon am Tag darauf leuchteten die Lämpchen in meinem Garten. Und nun freue ich mich tatsächlich jede Nacht an ihnen, wenn sie bei Dämmerung zu leuchten beginnen. Und sie lassen mich daran denken, dass in der Dämmerung des Lebensabends oft auch die wundervollen Erinnerungen, Bilder und Erfahrungen zu leuchten beginnen.

Über das, was Alter ist, lässt sich ja kein allgemeingültiges Urteil fällen: Für den einen ist es Einsamkeit und Langeweile, für den anderen das freudlos dunkele Lebensende, das er fürchtet. Für den Dritten aber ist es ‚der Berg Mose'. Der eine meint, es gehe endlos geradeaus. Der andere meint, dass es ein Abstieg sei, und der dritte empfindet es gar als einen Höhepunkt. Und jeder hat ein wenig Recht, denn jeder erlebt es, seiner Natur entsprechend, mal negativ, mal positiv. Im Grunde genommen geht man natürlich – wie auch sonst im Leben – von einem Tag zum anderen und wird älter, ohne es eigentlich zu bemerken. Und weil das Alter ein so heimlicher Vorgang ist, braucht man es nicht zu fürchten. Gäbe es keine Jahreszahlen, keine Spiegel und keine heranwachsenden Nachkommen, - man hielte sich für ewig jung. Der Geist altert nicht, im Gegenteil, angeblich wird er sogar jünger. Es ist nur der Körper, der uns gebrechlich macht. Auch ich habe körperliche Probleme, aber trotzdem halte ich es mehr mit dem ‚Berg Moses'. Dort oben zu stehen und gelassen auf das Leben rundum hinunter zu schauen, ist ein großes Glück, das man sich, wenn es irgend geht, durch den Köper nicht ganz vermiesen lassen sollte. Wir alle sind nur einmal im Leben alt. Es ist eine einmalige Erfahrung, der man mit einer gewissen Neugierde entgegen gehen sollte.

Ich selbst habe immer viel geschrieben. Gedanken zu Papier zu bringen, hat meinem Leben einen wunderbaren Halt und Inhalt gegeben. So lange mein Mann noch lebte, hatten meine Eintragungen meist Tagebuchcharakter. Das Buch, dem ich alles anvertraute, das mir Verständnis entgegen zu bringen schien, der stille Freund. Nachdem ich aber nun schon über zehn Jahre allein bin, möchte ich mit meinen Gedanken auch andere Freunde gewinnen, Menschen vielleicht, die die gleichen Probleme, Erlebnisse, Schmerzen und auch Freuden kennen, die meinen Alltag ausmachen.

Ich wünschte, ich könnte ihnen Mut machen und sie auch ein wenig trösten. Ich weiß, dass der hektische Alltag uns oft überfordert. Wir sind langsamer geworden. Aber was tragen wir auch alles mit an Erfahrungen, die nur wir haben und die zum Teil noch weit in die Vergangenheit hineinreichen?

Früher wurden die Alten um dieser Lebenslast willen hoch geehrt. Auch in den südlichen Ländern ehrt man das Alter. Bei uns ist das zwar nicht so ausgeprägt, aber man sollte dennoch stolz und dankbar sein, den vierten Lebensabschnitt, den Winter des Lebens, noch erreicht zu haben und erforschen zu können. Es gibt noch immer viel Interessantes zu entdecken und tatsächlich – die Welt ist auch mit Gehwagen und Stöcken noch liebenswert.

$\mathcal{D}$er alte Küchentisch

Heute Morgen ist mir etwas Seltsames passiert. Nachdem ich die zahllosen Blätter der Sonntagszeitung, den Kaffeebecher und den Teller weggeräumt hatte, griff ich zum Lappen und wischte den Küchentisch ab.

„Du siehst ja ekelerregend aus", sagte ich zu ihm. „Kaffeeflecken, Krümel und sogar noch Marmelade vom gestrigen Nachmittag. Pfui!" Eifrig polierte ich die schon ergraute Fläche und traute meinen Ohren nicht, als er sich plötzlich beklagte.

„Sag mal, du brauchst mich nicht zu beschimpfen. Du bist es doch, die mich vernachlässigt und nur selten liebevoll anschaut!"

„Was?", fragte ich, „du kannst mich verstehen? Seit wann denn das?"

„Nun, das kann ich schon länger, nur früher hattest du einen Gesprächspartner. Da wusste ich, dass deine Worte nicht mir galten. Aber jetzt quasselst du immerzu vor dich hin. Niemand ist da, der dich hört oder antwortet. Da fühlte ich mich angesprochen, und du kannst ruhig meine Mei-

nung hören. Es ist erschreckend, wie ungeschickt
und tüddelig du geworden bist! Du kleckerst und
schmierst, du vergisst, was du gerade tun woll-
test, du deponierst Sachen auf mir, die du danach
im ganzen Hause suchst. Neulich hast du ein ganzes Gläschen Likör verschüttet und die klebrige
Süßigkeit dann mit der Zunge von meiner Platte
geschleckt wie eine Katze! Sag mal, weißt du eigentlich nicht, wie mir dabei zumute war? Wie
das kitzelte? Igitt! Noch nie habe ich eine menschliche Zunge gespürt. Höchst peinlich! Du musst
dich mehr zusammennehmen, auch wenn du allein bist!"

Ich war erschüttert. Ein sprechender Küchentisch ist noch erstaunlicher als ein sprechender
Papagei. Und - wie mir scheint - im Gegensatz
zum Papagei weiß er sogar, worüber er spricht.

„Ich meine, du bist ziemlich ungezogen", konterte ich. „Du stehst seit Jahren da auf deinen
stählernen Beinen und brauchst nichts anderes
zu tun, als mir deine Platte zu bieten. Du weißt ja
nicht, wie sich das Leben des Menschen verändert, wenn er alt wird. Die Hände zittern, die
Beine stolpern und wanken, und im Kopf geht
alles viel langsamer als in früheren Jahren. Und
er vergisst vieles. Das hast du ja selbst schon bemerkt. Also gib acht, wie du mit mir redest, du
ungeratener Diener!"

Eine Weile war Ruhe. Ich hatte das Gefühl, ihn
beeindruckt zu haben. Doch nein, da hörte ich

ihn schon wieder.

„Bilde dir doch nichts auf dein Alter ein! Ich selbst bin ja auch nicht mehr jung, obwohl ich bei weitem weniger Falten auf meiner Platte habe als du im Gesicht. Meine Beine sind zwar stabiler und sehr viel schöner als die deinen, aber leider doch auch nicht ansehnlich. Sie könnten wunderbar glänzen, wenn du sie mal ein bisschen putzen würdest. Eine gute Gymnastik übrigens! Und wo hast du eigentlich die netten Stühle, die früher zu meiner Familie gehörten? Den blauen, den roten und den gelben Stuhl mit stählernen Beinen, die den meinen glichen? Du hast meine Familie zerstört! Und dabei war es früher so lustig, als wir noch beieinander standen! Die Stühle, die nun bei mir stehen, mögen dir bequemer sein, aber mich langweilen sie mit ihren dummen Holzbeinen und Polstern. Pah! Sie sind mir völlig wesensfremd."

Nun, das konnte ich sogar verstehen. Aber dass mein alter treuer Küchentisch so verbittert ist, erschütterte mich. Das hätte ich nicht für möglich gehalten. Ich musste versuchen, ihn ein bisschen aufzuheitern.

„Sag mal", fragte ich, „hast du denn gar nicht bemerkt, dass auch meine Familie von mir gegangen ist? Die Kinder, die früher auf den bunten Stühlen saßen, der Herr des Hauses, der noch vor nicht allzu langer Zeit seine Suppe an dir löffelte? Das ist nun mal der Lauf der Welt. Alles ver-

ändert sich, und nichts bleibt, wie es war. Aber
wir haben doch auch viel Lustiges miteinander
erlebt und manches Aufregende. Kannst du dich
zum Beispiel an den Sonntagmorgen erinnern, an
dem wir auf dem Luftschacht der Küche das Dohlennest entdeckt hatten? Mein Mann glaubte, es
von unten ausräuchern zu können. Der Luftschacht aber war mit Holz ausgekleidet und plötzlich flog nicht nur das brennende Dohlennest auf
deine Platte, sondern auch die brennende Verscha-
lung des Schachtes. Mit dem Schlauch haben wir
die ganze Küche unter Wasser gesetzt, um das
Holz und das Reisig des Nestes zu löschen."

„Natürlich erinnere ich mich! Aufregend war
es, aber nicht gerade lustig. Ich dachte, mein letz-
tes Stündlein hätte geschlagen, und es hat lange
gedauert, bis du mich endlich wieder zu meiner
Zufriedenheit gereinigt hattest. Viel spaßiger fand
ich es, deinen Kindern zuzuhören und zu erleben, wie sie sich zwar oberhalb der Platte um gutes
Benehmen bemühten, sich aber unterhalb knif-
fen und mit den Füßen stießen. Ihr habt ja oft-
mals gar nicht gewusst, was sich da abspielte. Ich
muss allerdings zugeben, dass der Vater - wie hieß
er doch noch gleich - ziemlich streng war. Wie oft
mussten sie noch einmal aufstehen, um sich die
Hände zu waschen oder die Haare zu kämmen,
denn zu lange Haare oder gar Haare, die ins Gesicht hingen, waren ein ganz heikles Thema. Darüber konnte ich natürlich nur lachen, denn Haa-

re habe ich keine, weiß überhaupt nicht, wozu die Menschen sie benötigen. Auf meiner Platte jedenfalls oder gar im Essen finde ich sie völlig überflüssig. Eines kann ich rückblickend ja ruhig verraten: eure Kinder taten trotz aller Strenge meistens doch das, was sie wollten. Nur die Älteste war ein wirklich braves Mädchen."

Nein, wer hätte das gedacht, dass mein alter Tisch ein solcher Grantkop ist und über ein lückenloses Langzeitgedächtnis verfügt! Fassungslos überlegte ich, ob ich mir nicht für die letzten Jahre einen jungen, fröhlichen Tisch kaufen sollte, der nichts von der Vergangenheit weiß.

„Nee", sagte der alte ungepflegte Bursche, „ich weiß, was du jetzt denkst, aber davon würde ich dir abraten. Diese Ausgabe kannst du dir sparen. Ich tue schon noch einige Tage meinen Dienst und werde fortan auch nicht mehr antworten, wenn du Selbstgespräche führst. Das Glück, deine kleine Enkelin an mir sitzen zu sehen und noch einmal mit ihr jung zu sein, kannst du mir doch nach all den Jahren nicht nehmen!"

Na gut. Er schien ja auch freundlichere Seiten zu haben. Ich werde über die Anschaffung noch einmal nachdenken.

$\mathscr{W}$inter und Weisheit

Am 1. März hat offiziell der Frühling angefangen, also der meteorologische, denn der kalendarische Frühling beginnt erst am 21. März. Aber es ist eisiger Winter, alles weiß und von den ‚linden Lüften' ist nichts zuspüren. Diese Jahreszeit ist sozusagen die Altersphase des Jahres und steht symbolisch auch für das Alter schlechthin. Keine Farben, keine Blüten, alles hart, trocken, kalt und spröde. Kinder lieben den Winter. In ihrer Lebensphase bringt er Abwechslung, Vergnügen und Freude. Wir Alten aber, die wir nun körperlich auch trocken, hart und spröde sind, leiden. Doch was schert es den ‚rechten Mann, der sein Hemd im Freien anzieht und nimmer krankt oder kränkelt'. Also friert und schneit es pausenlos, Schnee ganz verschiedener Art.

Eben, als ich noch ein paar Briefe zum Kasten brachte, grieselte es. Es war Schnee, aber er sah aus wie Gries, fast nur wie Schneestaub. Das brachte nicht viel. Sind die Flocken größer und erinnern an Getreidekörnchen, dann ‚graupelt' es. Gestern aber war es noch anders. Weil uns die Schneeschauer meist nur vorübergehend überraschen und nicht von langer Dauer sind, machte ich mich noch am Spätnachmittag mutig auf den Weg ins Nachbardorf. Kaum aber war ich unterwegs, als ein wildes Wirbeln einsetzte. Die Flokken wurden so dicht und heftig vom Himmel herabgeschüttet, dass man keine Sicht mehr hatte und im Nu zum Schneemann wurde. Ich beobachtete angstvoll, wie sich in Windeseile hohe weiße Berge auftürmten, und die Straßen so eng wurden, dass die Busse kaum mehr aneinander vorbeikamen. Zudem war es lausig glatt. Dieser Schnee gehörte zur ‚maschinellen Fabrikation'. Er schien dort oben aus gewaltigen Maschinen herausgeblasen zu werden, unbarmherzig, geeignet Land und Leute, Haus und Gärten ohne Rücksicht unter sich zu begraben.

So war ich dann auch wirklich dankbar, heil wieder nach Hause gekommen zu sein. Die ‚maschinelle Fabrikation' paart sich durch die Gewalt der kosmischen Turbinen gern mit stürmischen Winden, was dann zu Katastrophen führt. Von der Welt abgeschnittene Dörfer, Autostraßen, auf denen nichts mehr geht, zusammengebrochene Stromversorgungen und Bäume, die unter der Last der weißen Pracht brechen. Ein solcher Schneesturm ist für den, der schutzlos in ihm umherirrt, zwar gefährlich, aber auch zutiefst beeindruckend. Verborgen hinter der wirbelnden

weißen Wand, spürt man die Naturgewalten haut-
nah und wird sich dessen bewusst, dass man darin auch nichts anderes als eine winzige vergängliche Schneeflocke ist.

Im Unterschied dazu aber gibt es auch Flocken,
die noch in himmlischer Handarbeit angefertigt
zu sein scheinen. Das sind die wunderschönen
Sterne, die glitzernd auf den Mantel fallen und
die phantasievollsten Muster haben. Keiner davon gleicht dem anderen. Feinste Brokatspitzen
aus Silber, die sich tanzend und heiter der Erde
nähern und irgendwie immer an Weihnachten, an
Tannenduft und Kerzenschein erinnern. Also,
wenn schon nur winzige, vergängliche Flocke,
dann eine aus himmlischer Handarbeit der Engel, bitteschön!

Die besondere Art, mit der die Flocken so leicht
vom Himmel schweben, berührt die Seele. Sie
bestehen anfangs zu 95 Prozent aus Luft und sind
deshalb so duftig wie das Flaumgefieder der Vögel. Aber sobald sie zu tauen beginnen, werden
sie schwer, grau und matschig. Wir werden auch
diese Phase noch durchstehen müssen. Dann aber,
wenn's geht, bitte keine Flocken mehr, welcher
Qualität auch immer, sondern Wärme, Sonne,
Frühling!

Während ich noch über meine unbescheidenen
Flocken-Wünsche nachdenke, fällt mir die Frage
einer jugendlichen Nichte ein.

"Hast du eigentlich das Gefühl, im Laufe deines langen Lebens weise geworden zu sein? Abgeklärt?"

Ich antwortete ohne zu zögern:

„Nein. Weise ist ein Begriff, der gar nicht zu mir passt."

Als aber jetzt das Telefon klingelte und meine getreue Tochter Kitty anrief, gab ich die Frage weiter:

„Kitty, sag mal ehrlich, findest du mich weise?"

„Nö! Wie kommst du denn darauf? Weiß bist du geworden. Aber das ist auch alles."

Ich konterte sofort.

„Aber so weiß ja nun auch wieder nicht. Meine Freundinnen sind zum Teil viel weißer!"

„Nein, man glaubt es nicht, wie eitel du bist", schalt das aufgebrachte Kind. „Es wird im Alter immer schlimmer. Früher hielt ich dich für uneitel, aber jetzt? An allem hast du etwas auszusetzen und nun sogar noch am Ergrauen deiner Haare!"

‚Ach', dachte ich im Stillen, ‚was weißt du schon von Eitelkeit? Es bedarf keineswegs des Lippenstiftes, des Lidstriches oder der Puderquaste, es bedarf auch nicht der schicksten und modernsten Kleidung. Eitelkeit kann sich ganz anders äußern, ja, sie kann sich in tausend Falten des Gemütes verstecken, kann sich hinter jeder x-beliebigen Maske der Güte und Großmut verbergen. Die äußere Eitelkeit ist vielleicht noch am ehesten zu durchschauen und deshalb die ungefährlichste.

Und so ganz uneitel war ich sicherlich nie.'

Ich schlug Kitty noch einige Menschen vor, die man vielleicht für weise halten könnte, aber da sie meine Ansichten nicht teilte, blieb das Gespräch unergiebig.

Was aber versteht man denn unter Weisheit? Das Lexikon spricht von Menschen gereiften Wissens, aus Lebenserfahrung gewonnener Klugheit, leidenschaftsloser Ruhe, Abgeklärtheit. Ja, hört sich alles gut an. ‚Gereiftes Wissen' - wer hätte es nicht gern? Aber auf welchem Gebiet denn? Das Meiste, was man gelernt hat, konnte wohl vertieft und erweitert werden. Aber ist es dabei auch gereift? Nicht unbedingt! ‚Aus Lebenserfahrung gewonnene Klugheit', ist schon besser. ‚Kein Esel stößt sich zweimal am gleichen Stein', ein Spruch der Weisheit. Aber die aus Lebenserfahrungen gewonnene Klugheit muss nicht immer positiv sein. Sagt mir meine Lebenserfahrung, dass ich Prügel bekomme, wenn ich meinen Fehler eingestehe, schweige ich eher oder lüge. Auch das führt nicht unbedingt zur Weisheit. ‚Leidenschaftslose Ruhe'? Das sagt mir was! Dabei denkt man an meditierende Mönche, an innere Disziplin und Selbstbeherrschung und an alle die' Gipfel, über denen man kaum einen Hauch spürt'. Jemanden, den nichts mehr aufregt, der immer freundlich und gelassen bleibt, jemanden, der viel weiß, aber doch zu schweigen versteht, ja, das könnte schon etwas mit Weisheit zu tun haben. Und ‚Abgeklärtheit' ist dem verwandt. Das Wort kommt ursprünglich vom Klären des Weines. Alles Trübe und Unreine sinkt nach einer Weile nach unten, und der geklärte Wein kann dann abgefiltert werden. Also auch der weise Mensch darf irgendwo in der Tiefe seinen ‚Bodensatz' haben, er darf Fehler gemacht und aus ihnen gelernt haben. Hauptsache, er hat zur Klarheit gefunden, ist darüber hinausgewachsen und konnte sich zu leidenschaftsloser Ruhe durchringen.

Ich denke, alte Menschen haben von allem etwas. Ein wenig Wissen irgendwelcher Art, positive und negative Lebenserfahrungen und auch die leidenschaftslose Ruhe, die aber weniger auf Weisheit als auf Müdigkeit, Resignation und Einsicht der eigenen Kraft- und Bedeutungslosigkeit beruht. Weisheit ist dabei doch nur wenigen gegeben, und wer weiß, ob die Gabe, einst weise zu werden, nicht schon immer in bestimmten Menschen veranlagt war, ganz einfach durch ihren besonderen Lebensweg, durch ihre herausragenden Fähigkeiten zu denken, zu handeln und das eigene Schicksal zu verarbeiten.

Jetzt klingelt schon wieder das Telefon. Kitty! Sie kann es einfach nicht ertragen, wenn unsere Meinungen einmal nicht übereinstimmen. Ohne Harmonie findet sie keine Ruhe.

„Mutti", beginnt sie ohne Überleitung, „Mutti, ich habe sie jetzt alle an meinem inneren Auge vorüberziehen lassen: Königin Juliana, Queen Eli-

sabeth, Queen Mum, Kanzler Schröder, Rudi Ca-
rell, Boris Becker, den Papst, den Dalai Lama,
Günter Jauch und viele andere mehr. Unter allen
diesen Menschen habe ich nur einen weisen gefunden: dich!"

Die freche Göre! Ich höre sie gluckern. Während ich mir ernsthafte Gedanken mache, lacht
sie mich aus! Aber gibt es denn auch einen besse-
ren Beweis völlig fehlender Weisheit, als die Frage, ob man weise sei? ,Wer dumm fragt, bekommt
dumm Antwort'. Auffrischung einer längst bekannten Lebenserfahrung. Recht hat sie!

Es hilft mir nichts, mich zu leidenschaftsloser
Ruhe zu zwingen, denn auch ich muss lachen,
lachen, bis mir die Tränen kommen. Und lachend
finden wir wieder zur ersehnten allabendlichen
Harmonie.

Kinder, unsere lebenden Pfeile

Gestern ist mir ein ganzer Tag geschenkt worden! Und es war ein schöner Tag mit netten Begegnungen und Gefühlen des Wohlbehagens. Gestern gefiel mir das Leben, das ich schon vorgestern am liebsten dankend beendet hätte. Es gibt eben Sonnen- und Wolkentage – auch im Gemüt. Und gestern war ein Sonnentag.

Ich hatte ihn sehr bewusst kommen sehen, da in meinem Geburtstagskalender am 30. Juni vermerkt ist: ‚Achtung: Hochzeitstag naht!' Es handelt sich um den Hochzeitstag unserer jüngsten Tochter, die Wert darauf legt, dass man des Hochzeitstages gedenkt. Da er sich diesmal zum zehnten Mal jährte, sah auch ich eine gewisse Berechtigung in ihrem Begehren und wartete den erstmöglichen Termin ab, um anzurufen:

„Liebes, ich denke an euch! Ihr habt euren zehnjährigen Hochzeitstag, und dazu möchte ich von ganzem Herzen gratulieren!"

Schweigen in der Leitung.

„Mutti, hast du auch genug getrunken?"

„Wieso?"

„Na, weil wir heute den 30. Juni haben. Unser Hochzeitstag ist erst morgen."

Puh, und ich hatte bereits alle Kalender im Haus abgerissen und war gedanklich voll auf den 1. Juli eingestellt. Tatsächlich, mir war das Datum verrutscht, und die peinliche Frage nach meinem Flüssigkeitskonsum ließ mich mit Kummer an meinen armen Mann denken, der sich im Alter weder der Wochentage noch der Daten irgendwelcher Monate erinnern konnte. Das wurde beim Amtsarzt regelmäßig überprüft und galt als untrügliches Zeichen der Demenz. Sollte ich nun auch bereits ... Ach, besser nicht dran denken! Ich bemühte mich, es positiv zu sehen und freute mich, ganz unerwartet einen Tag geschenkt bekommen zu haben, den 30. Juni. Und, wie schon gesagt, es war ein schöner Tag!

Dass Kinder aber auch immer gleich das Schlimmste denken müssen! Gewiss, sie sind besorgt. Sie meinen es gut, aber sie können einem mit dieser Fürsorge manchmal auch Angst machen. Unsere Relation hat sich irgendwie verändert. Früher lag alle Sorge in unseren Händen. Sie waren klein, hilfsbedürftig und unerfahren. Ihre Bitten ließen uns springen, ihre Jammerlaute trieben uns die Tränen in die Augen. Wir wachten Nächte hindurch an ihren Betten und hätten alles darum gegeben, jegliche Last von ihren Schultern nehmen zu dürfen. Wir erzogen sie nach bestem Wissen und Gewissen und lebten meist wenigstens in der Überzeugung, unsere Sache gut und richtig zu machen. Ach, waren das köstliche Zeiten, als sie noch keine Kritik an uns übten und uns einfach nur liebten, so wie man Götter lieben soll. Ja, selbst wenn wir straften, denn Götter und Eltern wussten immer, warum sie das taten.

Aber die ,köstlichen Zeiten' nahmen ein Ende. Unsere Kinder wuchsen heran und begannen sich selbst ein Urteil anzumaßen. Immer häufiger stellte man fest, dass sie uns, ihre Eltern, aus einer neuen Perspektive heraus sahen und es wagten, unser Tun zu bemängeln. Sie gaben Widerworte, tuschelten hinter dem Rücken, verweigerten den Gehorsam. Jetzt erst bemerkte man, dass es um das Königtum der Eltern gar nicht so gut bestellt war. In dem Maße, wie das Selbstbewusstsein der Kinder erstarkte, nahm das der Eltern ab. Anfangs stand den Alten ja meist noch als Ernährer ihrer Brut eine gewisse Achtung zu. Da mussten selbst die Aufmüpfigsten, wenn auch oft zähneknirschend, doch folgsam sein. Als aber auch das vorüberging, bemerkten die Eltern, dass sie ihrer Aufgabe als Erziehungsberechtigte endgültig enthoben waren und nun nur noch auf das Band der Liebe hoffen durften, sofern sich ein solches zwischen ihnen und ihren Kindern gewoben hatte.

Wir wissen alle, dass die Verhältnisse zwischen Eltern und Kindern so vielfältig sind wie alle zwischenmenschlichen Beziehungen überhaupt.

Es gibt keine Maßstäbe und keine allgemeine Wertung. Die Bindungen sind in verschiedenen Völkern, in verschiedenen Familien verschieden stark entwickelt. Sie können auf Traditionen beruhen, vielleicht auch auf unerklärlichen Zusammenhängen unseres Karmas. Sie können zwischen Vätern und Söhnen, Vätern und Töchtern, Müttern und Söhnen, Müttern und Töchtern jeweils anders sein, können von Liebe und Fürsorge, aber auch von Hass, Eifersucht oder Neid geprägt sein. Ein weites Feld ...

Manchmal fragt man sich, ob es die Tiere, deren Junge ihre Eltern nach einigen Monaten nicht mehr kennen, nicht leichter haben. Aber für wen wäre es leichter? Für die Eltern oder für die Kinder? Müßig, dieser Frage nachzugehen, denn wir sind Menschen. Natürlich gibt es auch viele menschliche ‚Junge', die sich nahezu schmerzlos lösen und ihren Lebensweg so selbstständig gehen, als seien sie nie von Eltern abhängig gewesen. Eltern hingegen hängen häufig mit allen Fasern ihres Herzens an den Kindern, die inzwischen gut allein zurechtkommen. Sie können sich nur schwer von der Vorstellung trennen, dass die Kinder sie noch immer brauchen, denn das Gebrauchtwerden war ihnen so lange Jahre hindurch ein wesentlicher Teil ihres Lebensinhaltes. Ich erlebe betagte Mütter, die ihre Schmerzen, Nöte und Einschränkungen mit Tapferkeit und Dank ertragen, weil sie es sind, die leiden dürfen. Der

Gedanke, dass es die Kinder hätte treffen können, ist viel schlimmer, ja, es wäre geradezu unerträglich, seine Kinder so leiden zu sehen. Es
fällt Eltern oft unsagbar schwer, Kindern ihr eigenes Schicksal zuzubilligen und ihr Treiben mit
Toleranz und Gelassenheit zu akzeptieren. Dabei
spielt es sicher eine Rolle, dass wir sie in die Welt
gesetzt haben, ohne sie zu kennen, ohne sie zu
fragen. Und es kommt gelegentlich vor, dass Kinder sich bei ihren Eltern deswegen beklagen: Wie
konntet ihr! Hätte ich gewusst, was auf mich zu-
kommt, ich hätte NEIN geschrien! Aber haben
wir Eltern es denn gewusst, und gingen wir nicht
davon aus, dass wir alles daransetzen würden,
ihnen ein glückliches Leben zu schenken? Wir
zweifelten gar nicht daran, dass es unsere Aufgabe sei - komme was wolle - bis an unser Lebensende dafür zu sorgen, dass sie glücklich und ohne
Not sind. Eine Illusion natürlich und ganz gewiss
auch nicht das, was unser Schicksal von uns will.
Also lassen wir sie ziehen. Sie sind ja doch nicht
zu halten, unsere lebenden Pfeile, und müssen
sich lösen, um in Gefilde zu wandern, in die wir
Alten sie nicht mehr begleiten können. Wir bleiben außerhalb des Gelobten Landes ihrer Zukunft
wie Moses im Land der Moabiter.

Nun, um bei diesem Beispiel zu bleiben, so hatten es die Kinder Israels gut, weil sie den geliebten Führer beerdigen durften, bevor sie ihre zu-
künftige Heimat erreichten. Sie waren der Sorge

für den Alten enthoben. Heute aber, wo viele Eltern alt und immer älter werden, können unsere
Kinder nicht so unbeschwert vorwärtsstreben.
Das Verantwortungsbewusstsein, die Treue oder
Liebe zu den Eltern halten sie fest und verlangen
oft genug seelischen, körperlichen und auch fi-
nanziellen Einsatz. Jetzt sind von der nächsten
Generation Opfer gefordert, die viele Eltern ihnen nur allzu gern erspart hätten. Und das Problem dabei ist, dass sich Kinder jetzt in Situationen hineinversetzen müssen, die sie selbst noch
nicht durchlebt haben. Sie werden mit Problemen
konfrontiert, die sie aus Erfahrung nicht kennen
können. Sie wissen nur, dass sie jetzt die Stärke-
ren sind und Initiativen ergreifen müssen, wobei
den Alten unter Umständen Härten und Ängste
nicht erspart bleiben. Der jüngeren Generation
stehen zum Glück sowohl auf dem Gebiet der
Medizin als auch auf dem der Altenpflege viele
Möglichkeiten zur Verfügung, körperliche und
seelische Nöte der Eltern zu lindern und ihnen
menschenwürdige Lebensumstände zu schaffen.
Aber auf die innersten Bedürfnisse der Greise,
die noch aus einer anderen Epoche kommen, deren Gefühlswelt sich in einer anderen Zeit ent-
wickelte, deren Vorstellungen nicht mehr mit denen der Gegenwart übereinstimmen, darauf können sie nicht eingehen. Aber konnten wir es denn
damals? Nein, ebenso wenig, und manchmal
denkt man an die eigene Mutter zurück, die noch

so viel gewusst hätte, das uns seinerzeit nicht interessierte. Warum fragte man nicht rechtzeitig? Man hätte vielleicht etwas Wesentlicheres erfahren können als die vertilgte Flüssigkeitsmenge. Die richtige Balance zwischen Abstand und Anteilnahme, ja, das wäre es gewesen! Aber zu spät! Alles versinkt in den Wellen der Zeit, im Meer des Vergessens. Es war nicht wichtig, ist nicht wichtig. Und das zu akzeptieren, mag das einzig Wichtige sein.

$\mathscr{B}$erta, die gemeine Stubenfliege

Ich bemühe mich, langmütig mit Tieren umzuge-
hen, die meine Einsamkeit mit mir teilen. Allerdings fällt es mir nicht immer leicht, besonders,
wenn es sich um lästige Gesellschaft handelt, wie
zum Beispiel diese Fliege, die mich gerade jetzt
an den Computer getrieben hat. Im Nebenraum
kostete sie mich den letzten Nerv. Wir schreiben
heute den 1. November! Was, frage ich mich, hat
eine Fliege am 1. November in meinen Räumen
zu suchen? Den ganzen Sommer hindurch sah ich
keine einzige Fliege und machte mir gelegentlich
schon Sorgen, womit die Schwalben wohl ihre
Jungen ernährten. Jetzt aber ist sie da, und wie!
Sie lebt ständig auf Tuchfühlung, scheint stark
unter Vernachlässigung zu leiden und holt alles
an Nähe und Liebe nach, was in ihrem Fliegenle-
ben vielleicht zu kurz gekommen ist. So krabbelt
sie auf meinen Händen, auf meiner Stirn, auf
meiner Nase und – sowie ich aufgestanden bin –
auf meinem Stuhl, wo ich sie jedes Mal höflich
bitte, wegzugehen, wenn ich mich wieder hinset-

zen möchte. Was reizt sie an meinem Stuhl? Es
ist mir fast unangenehm, dass sie die Sitzfläche
so gründlich inspiziert. Aber vielleicht brauche ich
mir darüber keine Gedanken zu machen, denn
sie inspiziert auch die verschiedensten Farben in
meinem Tuschkasten mit großer Ausdauer und
scheint am Blau besonderen Gefallen zu finden.

Vor kurzem habe ich mir ein paar Scheiben Brot
zum Abendessen hereingeholt und sie fernsehend
gegessen, wie man es eigentlich nicht tun sollte.
Nun möchten die verehrten Leser gewiss hören,
dass meine Fliege sich an dem Brot, dem Käse,
der Tomate zu schaffen machte. Weit gefehlt! Das
interessierte sie nicht. Sie blieb geduldig im Farbkasten und wartete höflich, bis ich aufgegessen
hatte. In dem Moment wurde sie mir fast unheimlich. Wer kommt mich da besuchen? Eine ‚gebil-
dete' Fliege mit Anstand und Erziehung? Ist etwa
doch etwas dran an der Seelenwanderung?

Jetzt steht es ohne Zweifel fest, dass diese Fliege persönlichen Kontakt sucht. Sie ist mir ins
Arbeitszimmer gefolgt und sitzt nun auf dem
Rand des Computers. Das Licht meiner Lampe
schimmert auf ihren Flügeln. Ich schaue sie mir
genau an. Nein, es ist nichts Auffälliges an ihr zu
entdecken. ‚Berta, die gemeine Stubenfliege'. Und
dieses Wort ‚gemein' kommt mir in jeder Hinsicht
passend vor. Sie ist gemein, weil sie ordinär ist,
und sie ist gemein, weil sie an mir klebt und krabbelt, ohne dass ich ihr die Erlaubnis dazu erteilt

hätte. Ich sehe das kleine Lebewesen dennoch mit gemischten Gefühlen über die graue Mattscheibe laufen und denke, ‚ach, lass sie leben. Ihr Leben ist sowieso viel kürzer als das meine, und vielleicht liegt Berta schon morgen tot auf dem Fensterbrett. Heute noch hat sie mich unterhalten, denn sie war ja trotz allem ein lebendes Wesen in meinen stillen Räumen.'

Inzwischen sind drei Tage vergangen, und Berta ist noch immer bei mir. Wir duzen einander jetzt, und es ist mir gelungen, dem Tierchen einige Dressurstückchen beizubringen. Sie scheint mich sehr gern zu haben, denn sie tut alles, ohne zu murren. So macht sie mich zum Beispiel immer darauf aufmerksam, wenn irgendwelche Lebensmittel in meinem Kühlschrank schon über dem Verfallsdatum sind. Sie schießt herbei und setzt sich so lange darauf, bis ich das Datum kontrolliere und gelobe, die Ware in absehbarer Zeit zu verbrauchen. Das wird meine Kinder sehr beruhigen und erfreuen, denn sie beklagen sich häufig über meine Nachlässigkeit mit den Verfallsdaten. Das Malen liebt die kleine Person weiterhin besonders. Sowie ich den Farbkasten öffne, läuft sie über die frisch angefeuchtete Farbe und tupft sie mir in hübschem Muster über das Papier, gleichmäßiger und origineller, als es mir selbst gelungen wäre. Bertas Fliegenbilder gewinnen täglich an Kunstfertigkeit. Beim Lesen hilft sie mir, die Zeile wiederzufinden, bei der ich aufge-

hört habe. Sie setzt sich sofort auf das Blatt und
trippelt an die richtige Stelle. Leider habe ich sie
bei dieser Übung schon ein paarmal fast erschla-
gen. Aber sie kann ja fliegen, was sich schon aus
ihrem Namen ersehen lässt. Noch immer kommt
sie mir jung und aktiv vor. Wahrscheinlich ist sie
eine von jenen Fliegen, die im Hause überwin-
tern. Dann kann sie ja bis zum Frühjahr noch
vieles lernen. Ich habe sie inzwischen gefragt,
warum sie so besonders gern auf den von mir verlassenen Stuhl fliegt und sich darauf mit Hinga-
be ergeht.

„Ach", sagte sie, „nur weil er so schön warm
ist. Was dachtest du?"

Ja, was dachte ich eigentlich?

Nun, wer auch immer an mich denkt, kann es
im beruhigten Gefühl tun, dass ich jetzt eine
Freundin hier habe, die so sehr um mich besorgt
ist, dass sie mich Tag und Nacht nicht aus den
Augen lässt. Sie begleitet mich neuerdings auch
ins Schlafzimmer, wo sie auf dem Bettpfosten ruht
und mich immer rechtzeitig weckt. Zum Glück
jetzt etwas später, weil es ja nicht mehr so früh
hell wird. Sie scheint sich nach dem Licht zu rich-
ten und hat ein gutes Zeitgefühl. Und zum Früh-
stück sitzen wir dann wieder gemeinsam in der
Küche. Ich bin nur dankbar, dass Berta nie Gassi
gehen muss, sonst wäre mir ihre Anwesenheit
doch etwas beschwerlich. Aber so, nun, so machen wir das Beste daraus, und das mit der ‚ge-

meinen' Stubenfliege tut mir leid. Man lernt sich eben erst langsam besser kennen und schätzen.

Fünf Tage später. Berta hat mich verlassen. Heute Morgen lag sie tot auf dem Bettvorleger meines Schlafzimmers. Ich habe den staubleichten kleinen Körper im Rosenbeet ‚entsorgt', und die Einsamkeit bricht wieder über mich herein wie eine Woge. Wenn sie doch wenigstens summen würde wie meine Berta, aber diese Woge ist die vollkommene Stille. Manchmal zum Fürchten!

$\mathcal{D}$er Weise nimmt alles mit Humor

Meine Zeitung unterrichtet mich davon, dass wir
heute bereits den 9. März haben. Ich hätte natürlich selbst darauf kommen können, denn seit einigen Tagen ist es draußen bereits hell, wenn ich
morgens aufstehe. Es ist aber auch der erste Tag
ohne Frost. Bisher gab es noch jede Nacht Frost
von mehreren Minusgraden und am Morgen glit-
zerte die Welt. Noch gestern hing ein Eiszapfen
an meiner Regenrinne. Heute, welche Freude,
zwei Grad plus und keine vereisten Dächer mehr.
Sollte es nun doch endlich Frühling werden? Wir
sind des Winters müde und sehnen uns nach Licht
und Wärme, lauen Lüften und Blumen.
Der Hausarrest für uns Alten dürfte endlich ein
Ende haben, denn er begann ja schon im November des vergangenen Jahres. Es war wirklich wieder ein langer, strenger Winter. Aber nur nicht
meckern! Ein Winter hat in Schleswig-Holstein
das Recht, wenn's ihm Spaß macht, mindestens
vier Monate zu dauern, und er war früher noch
viel härter. Auch diesmal war die Ostsee wieder

zugefroren und angeblich so dick vereist, dass selbst die Eisbrecher an den Küsten der skandinavischen Länder nicht durchkamen. Inzwischen trieb der Wind wieder Berge von Packeis in die Lübecker Bucht und zog staunende Bewunderer an die Küste. Ich konnte das allerdings immer nur meiner Tagezeitung entnehmen, die zuverlässig berichtete und mich mit oft erstaunlich guten Fotos informierte.

Jetzt klingelt das Telefon.

„Ich wünsche dir einen schönen Sonntag!", rufe ich fröhlich in den Hörer.

Der morgendliche Anruf meiner getreuen Tochter, die sich täglich informiert, ob ich auch wieder gesund erwacht bin.

„Aber Mutter, heute ist nicht Sonntag!", erwidert sie genervt.

„Ach, natürlich, heute ist Mittwoch", verbessere ich mich schuldbewusst und warte auf die Frage:

„Hast du auch genug getrunken?"

Diese aber kommt nicht, zum Glück. Es ist ja noch früh am Morgen und sie darf davon ausgehen, dass ich bisher nur eine Tasse Kaffee getrunken habe.

„Na ja, für mich ist eben jeder Tag ein Sonntag!", entschuldige ich mich, und das kann sie akzeptieren.

„Was machst du denn heute an deinem selbst ernannten Sonntag?"

„Och", antworte ich souverän, „Ich werde nur schillen."

Da, noch während ich das Wort gerade in meinen PC eingebe, hat dieser es schon rot unterstrichen. Er kennt das Wort nicht und hält es für falsch. Es ist noch gar nicht lange her, da hatte ich ihm zugejubelt, denn auch ich kannte dieses Wort nicht. Aber bei den jungen Leuten hat es sich eingebürgert und wird gern genutzt.

„Ja, was heißt denn das nun?", fragte ich damals mein Kind.

„Ach Mutter", antwortete sie, „schillen können nur junge Leute. Du brauchst dir das gar nicht zu merken, denn du kannst es sowieso nicht."

Oh, wie jung ich da war! Natürlich könnte ich das, wenn ich nur erst wüsste, was es ist. Meine liebe Tochter blieb noch eine ganze Weile geheimnisvoll, bis sie meiner Neugierde schließlich nachgab:

„Chillen heißt ,gammeln!'

„Du meinst ,dammeln?'"

„Nein, ,gammeln!'"

Wieder eine Kontroverse. Wir sprachen früher von ,dammeln', wenn wir den Tag müßig verbrachten, wenn wir nur faulenzten. ,Gammeln' hatte eher etwas mit Fäulnis, Verwesung und Schimmel zu tun. ,Dammeln' kennt heute tatsächlich kein Lexikon mehr, aber auch ,schillen' kennt mein Duden noch nicht. Angeblich kommt es aus dem Englischen, ist aber in meinem veralteten

Wörterbuch nicht zu finden. Selbst das Internet
hilft mir nicht weiter. Das liegt aber sicher an mir,
denn mein PC weiß alles, wenn man ihn nur in
der richtigen Weise fragt und vor allem das Wort
richtig geschrieben eingibt. Und da lag mein Fehler! Ich glaubte, dass das Wort ‚schillen' mit ‚sch'
oder mit ‚sh' geschrieben würde. Es schreibt sich
aber mit ‚ch'! Man sollte doch wohl als Greisin
die Hände von der sogenannten Jugendsprache
lassen.

Da, jetzt klingelt es an der Haustür. Halb zehn,
und ich bin noch nicht einmal korrekt angezogen! Wie peinlich! Dass ich aber auch so früh schon
mit Sprachproblemen konfrontiert werde! Das
Gespräch am Telefon war mir wieder wichtiger
als die Morgentoilette. Und meist kommt ja auch
so früh noch niemand zu mir.

Vor der Tür steht die reizende Lügnerin. Ich
kenne sie schon lange. Sie besucht mich jedes Jahr
einmal und sammelt gute Gaben für ihren Zirkus, der irgendwo in der Umgebung stationiert
ist. Jetzt angeblich in Timmendorf. Diese hübsche
junge Frau mit den dunklen Augen hat eine so
freundliche Ausstrahlung, dass ich mich immer
freue, sie zu sehen und ihr alles glaube, was sie
erzählt. Vielleicht ist sie eine Zigeunerin?

Sie legt es erst einmal darauf an, mich zu beruhigen. Sie war angeblich schon bei Frau M. (kenne ich nicht) und bei Frau K. (kenne ich auch

nicht). Alle haben sich gefreut. Und dann wendet sie sich mir und meinem Schicksal zu. Das kennt sie ganz offensichtlich, denn gelegentlich liest sie aus den Linien meiner Hand, alles was es dort zu lesen gibt. Sie macht mir gleich die nettesten Komplimente. Natürlich werde ich hundert, und all meine Sorgen werden in der nächsten Zeit behoben werden. Geheimnisvoll drückt sie mir etwas in die Hand. Ein kleines weißes Steinchen, angeblich direkt aus Lourdes, wohin sie eine Walfahrt machte. Ein ähnliches weißes Steinchen aus Lourdes bekam ich schon beim letzten Besuch. Und es sollte mir Glück bringen, Glück hoch drei! Man muss nur daran glauben.

Das diesjährige Steinchen bringt mir Weisheit. Das ist natürlich noch viel schöner und noch weniger nachzuweisen. Ich war sehr gerührt und spendete zehn Euro für die Tiere ihres Zirkus. Aber die Weisheit macht sich bereits bemerkbar, denn es ist mir egal, ob es ‚gammeln' oder ‚dammeln' heißt. Ich stehe darüber.

Und mit ‚chillen' kann ich mich auch arrangieren, seitdem ich hörte, dass auch Gott am siebten Tage gechillt hat. Allerdings meine ich ‚geruht', hört sich doch besser an. Zumindest für meine alten Ohren. Aber auch darüber will ich nicht diskutieren. Das Thema lohnt es für einen weisen Menschen nicht. Mein Problem ist nur, nun nicht hochmütig zu werden und auch alle anderen ernst zu nehmen, ob sie nun gammeln oder chillen, faulenzen oder ruhen. Hauptsache, es tut ihnen gut, und sie lassen mich in Frieden - selbst wenn der Mittwoch heute mal für mich ein Sonntag ist.

Und schon wieder Schnee

Es schneit, es flockt und fällt, als sei es Regen. Die inzwischen grau gewordenen Schneeberge bekommen Sonntagskleider an. Die Vögel sind zutiefst erschrocken und klopfen an meine Fenster. Wo bleibt das Futter? Wir sind hungrig und frieren. Oh, wie lange schon hält der Frost an! Die verharschte Eisdecke macht es mühsam oder fast unmöglich, Pflanzen zu erreichen oder Samen zu finden. Vor zwei Tagen flogen plötzlich zwei Fasane in meinen Garten. Leider fanden sie auch bei mir kein Futter, da sie den richtigen Ort nicht kannten. Ich hatte so lange keine Fasane mehr gesehen und war beeindruckt von ihrer Größe und Schönheit.

Meine kleinen Kostgänger kenne ich natürlich inzwischen gut und studiere ihr Verhalten. Bewundernswert, wie sie mit ihren zarten nackten Füßen, ohne Strümpfe und ohne Stiefelchen die eisige Kälte Tag und Nacht ertragen. Trotzdem gehen sie nicht immer kameradschaftlich miteinander um. Die Amsel kann beispielsweise das

Rotkehlchen nicht leiden und treibt es weg, wo immer es sich sehen lässt. Vielleicht ist sie eifersüchtig, weil sie meine besondere Sympathie für das Rotkehlchen spürt? Die Spatzen hingegen kommen immer im Familienverband. Da hat die Amsel keine Chance. Im Gegenteil, ich sah, wie sie von einem Spatz geohrfeigt wurde und sich aus dem Staube machte. Meisen haben eine vornehme Art, jedem Streit aus dem Wege zu gehen. Kleine Aristokraten! Sie kommen schnell und geschickt, nehmen eine Erdnuss und fliegen sofort auf den nächsten Baum, um in Ruhe ihr Futter zu genießen. Sie sind überhaupt bewundernswert in ihrer Geschicklichkeit, Geschwindigkeit und Flexibilität. Stiefel wären für sie, die sie sich noch an dünnsten Ästchen kopfüber, kopfunter aufhängen können, natürlich ungeeignet.

Für Finken taugten sie schon besser, weil diese das Futter nur vom Boden aufnehmen. Dabei ist natürlich Vorsicht geboten ist. Die Katze kennt den Futterplatz nur allzu gut. Was mögen sie für einen Grund haben, das Futterhäuschen oder die Futterbatterie zu meiden?

Spatzen haben es inzwischen gelernt, fast so gut wie Meisen, Halt an allem zu finden, was Futter verspricht. Ab und an sehe ich den Zaunkönig, aber sonst scheinen sich doch viele Singvögel in wärmere Gefilde verzogen zu haben. Wer hier geblieben, hat es auch wirklich nicht leicht. Rund um die Thujen haben sich Mulden gebildet, die gern als Unterschlupf genutzt werden. Aber oft fällt es den kleinen Tieren schwer, über die hohen Schneeränder wieder ans Licht zu kommen. – trotz ihrer Flügel. Und ich selbst?

Ich habe es auch nicht leicht. Was ich so mache und wie ich mich fühle, fragt mich so mancher. Eigentlich fühle ich mich wie ein Schneemann. Dort, wo man mich gebaut hat, bin ich stehen geblieben, stehe ich noch immer und warte nun darauf, dass mir die Sonne eines Tages so warm auf den Kopf scheinen möge, dass mir die Möhrennase vom Gesicht rutscht und ich mich als Wasser wieder zu den Flüssen des Lebens gesellen könnte.

Aber ganz so flüssig wird es eben doch nicht kommen, denn das Alter ist eine eher starre, mühselige Zeit. Eine Zeit, die noch viel Lernfähigkeit erfordert, weil man sich auf die veränderten Verhältnisse des Körpers einstellen muss. Man meint, man könne noch so Vieles und muss dann einsehen, es geht nicht mehr. So habe ich neulich ganz mutig den Schneeschieber ergriffen, um doch wenigstens den Futterplatz der Vögel freizuschaufeln. Aber ich hatte nicht damit gerechnet, dass man Stock und Schieber zusammen nicht gebrauchen kann und der Schieber allein kein sicherer Halt ist. Ich bin zwar zum Glück nicht hingefallen, hatte aber mit meinem tapferen Versuch auch nicht den gewünschten Erfolg. Ach, und wenn es nur das wäre! Man kann sich keinen Einblick in die tieferen Fächer der Schränke mehr verschaffen, kommt einfach nicht mehr so weit hinunter. Man sucht mit der großen hilfreichen Taschenlampe auf dem Boden herum, wenn etwas hinuntergefallen ist und kann es dann doch nicht erreichen. Nur mit Geduld, Kraft und gutem Willen hangelt man sich die Treppe hinauf.

Gerade kam ein Nachbar vorbei, um mir mitzuteilen, dass oben seit Tagen Licht brenne. Ich hatte es nicht bemerkt und war ihm dankbar, dass er schnell hinaufflief und für meine Stromkostenersparnis sorgte. Gute Nachbarn sind überhaupt mit Gold nicht aufzuwiegen!

Genug der Klage, ich habe allen Grund dankbar und zufrieden zu sein. Vorgestern musste ich einen Arzttermin in der nahen Stadt wahrnehmen und hatte am Abend zuvor richtige Angstzustände. Immer denken alle: ‚Ach, die ist noch so gut drauf, die kann das noch! Kein Problem.' Und dabei fühle ich mich so hilflos, wenn ich allein losziehen muss, räume ich mein Bett und die Wohnung auf, weil ich befürchte, nicht heil wieder nach Hause zu kommen. Wäre ja unangenehm, wenn Fremde in meine chaotische Bude kämen. Am Morgen aber, bevor es losgeht, bin ich plötzlich wieder ganz mutig und ziehe guter Dinge davon. Und dann glückt alles so wunderbar. Beim Arzt helfen mir die jungen Frauen aus der Kleidung, in die Kleidung, helfen mir die Treppen rauf und Treppen runter, bis ich wieder fe-

sten Boden unter den Füßen habe. Das heißt, von
festem Boden konnte leider nicht die Rede sein,
denn in der Stadt war unglaublich schlecht geräumt worden. Wahrscheinlich war überhaupt
nicht geräumt worden, denn es gibt inzwischen
kein Streusalz mehr. So versuchte jeder so vorsichtig wie möglich über die unebenen, vereisten
Wege zu kommen.

Mein Rollator allerdings nahm das nicht so gelassen hin. Er bockte wie eine alte Geiß und drehte
seine Räder hin und her, schwankte wie ein Schiff
auf hoher See. Am schlimmsten waren die Kant-
steine, an denen sich höhere Eisschwellen gebildet hatten, vor denen ich kapitulierte. Aber immer bemerkte jemand meine Not und half mir
freundlich, das Hindernis zu überwinden. Wovor
hatte ich nur solche Angst gehabt? Ich kam sehr
befriedigt und mit allem, was ich hatte einkaufen
wollen, wieder nach Hause. Man sollte doch nie
kleingläubig sein! Angesichts der vielen Natur-
katastrophen schämt man sich, überhaupt über
kleine, hausgemachte Probleme zu jammern. Was
sind diese Sorgen gegen die unvorstellbare Not
der betroffenen Menschen?

Aber so ein Schneemann schaut eben nicht weit
über seine rote Nase hinaus. Und seine Sehnsucht
nach der Sonne erscheint ihm wichtiger als alles
Geschehen der Welt. Wann werden die ersten
Schneeglöckchen wieder läuten? Wann werden die
Tulpen und Narzissen ihre grünen Blattspitzen

wieder aus dem Erdreich treiben? Man möge es ihm verzeihen. Sein Radius ist eben so klein geworden. Und sein Kopf ist schließlich nur aus gefrorenem Wasser.

Beisammensein in Travemünde

Es ist doch schon etwas Besonderes, wenn man im Kreise derer, mit denen man 1942 das Abitur machte, auch noch den 75. Geburtstag feiern kann, nicht wahr? Es handelt sich um elf Freundinnen, die sich gut verstehen und regelmäßig treffen. Ich habe das Glück, eine der ihren zu sein.

Gestern kamen wir erstmalig in einem Altersheim zusammen. Eine der jüngsten unter uns hat bei körperlicher Gesundheit und geistiger Frische den Schritt gewagt, der den meisten von uns so sehr bevorsteht. Sie verkaufte ihre Wohnung und ging in ein Altersheim. Dieses Heim ist allerdings eine Luxus-Senioren-Residenz mit einem Ambiente, das sich mit ‚Vier Jahreszeiten' in Hamburg oder dem ‚Waldorf Astoria' in den besten Hotels in Berlin oder Hamburg messen kann.

Sie bewohnt nun im vierten Stock ein äußerst geschmackvolles und praktisches Appartement, in dem man sich wohlfühlen kann und vor jeglichem Unbill des Lebens sicher ist. Wir fanden alle darin Platz und verbrachten behagliche und verwöhnende Stunden dort.

Der Kaffee wurde im großen Esssaal serviert, wo wir um diese Zeit fast allein waren. Man muss sich vorstellen, dass diese Senioren-Residenz mit circa 400 Einwohnern nicht nur an der Trave, sondern sogar direkt an der Endstation der Fähre liegt, die alle vier Minuten den Fluss überquert. Aus den Fenstern des Esssaales schaut man hinunter auf das Wasser und die zauberhafte Silhouette der Travemünder Vorderreihe. Ich konnte mich nicht sattsehen! Hin und wieder aber schoben sich riesige Schiffe zum Greifen nahe an den Fenstern vorbei, die, je dunkler es wurde, umso herrlicher beleuchtet waren. Wie märchenhaft schimmernde Lichtpaläste zogen sie ihre Bahn mal auswärts in Richtung Ostsee, mal einwärts zum Skandinavienkai. Ihre rot-weißen Signallichter ragten hoch über den Rumpf hinaus und waren noch zu sehen, wenn die Fähren im Grau der Dämmerung verschwanden. Es gab natürlich auch die kleineren Kutter, deren Beleuchtung grün und gelb war. Ein lebhaftes Treiben. Wie viele Erinnerungen an unsere Jahre in Travemünde wurden da wieder wach! 1930 wohnten wir in der Vorderreihe, und schon damals hat der ständige Schiffsverkehr vor den Fenstern für Freude und Abwechslung gesorgt. Sahen wir Kinder, dass ein neues Boot angelegt hatte, machten wir uns auf, um zu sehen, wo es herkam. Dann versuchten wir

uns radebrechend mit den Matrosen zu verständigen und vielleicht ein paar fremdländische Mün-
zen zu ergattern. Oh, es war immer Sommer in
diesen Jahren! Braun gebrannt, leicht bekleidet
und barfuß sehe ich uns an der Trave entlanglau-
fen. Ganz davon abgesehen, dass die Schiffe noch
an der Vorderreihe anlegten und keinen ‚Skandinavienkai' kannten, wie anders sahen sie aus!

Sie waren noch das, was wir unter richtigen
Schiffen verstanden. Schiffe, wie sie jedes Kind
malen konnte. Heute sind es Hochhäuser, die sich
auf dem Wasser bewegen. Unglaubliche Riesen,
die sich aus irgendeinem Märchen, aus Gullivers
Reisen vielleicht, vermaterialisiert zu haben scheinen. Und wenn dann noch eines von ihnen ‚Nils
Holgerson' heißt, wird die Sache ganz mysteriös.
War Nils nicht lange Zeit hindurch ein Zwerg?
Na, die schwedische Flagge am Heck klärt alles
auf.

Travemünde hat sich inzwischen verändert und
ist doch irgendwie und irgendwo das alte geblieben. Als wir spät am Abend aufbrachen und uns
auf den Heimweg machten, grüßte der kleine
Kirchturm in eigenartig zartgrünem Glanz, als
strahle er von innen. Die hübsche St. Lorenzkir-
che, in der ich vor 58 Jahren getraut wurde, blieb
hinter uns zurück, als wir den Weg zur Autobahn
einschlugen.

Die Freundin in der Senioren-Residenz hat übrigens ihr Auto noch in der Garage des Hauses ste-

hen und wird sich – wie wir hoffen – weiterhin jung und gesund fühlen. Sie hat es richtig gemacht, ganz ohne Zweifel. Ich allerdings bin voller Zweifel. Ich konnte nicht übersehen, wie viele Gehwagen herumstanden, wie viele alte, am Stock gehende Menschen uns begegneten, wie viele von ihnen hinfällig waren. Seit ich meinen lieben Mann im letzten Jahr seines Lebens im Pflegeheim besuchen musste, habe ich ein Altersheimtrauma. Es gibt gewisse Eindrücke, Geräusche und Gerüche, bei denen sich mir noch heute die ‚Nackenhaare sträuben'. Warum nur bin ich so allergisch dagegen? Ich gehöre doch selbst zu den Alten und werde es eines Tages hinnehmen müssen, wie es kommt. Aber hoffentlich, hoffentlich kommt es anders.

Ich habe gestern so intensiv an meinen Bruder Thomas denken müssen. Als er die Berge noch nicht kannte, liebte er das Meer. Als er ganz klein war, sagte er ein Gedicht auf mit dem Anfang: ‚Wenn ich einmal groß bin, werd ich Kapitän!' Man stelle sich vor, er hätte so ein Riesenschiff gesteuert! Und ich hätte gewusst: Da oben steht Thomas in Uniform mit mindestens vier goldenen Litzen am Ärmel auf der ‚Brücke', umgeben von all dem Lichterglanz und wird gleich in Travemünde anlegen.

Aber es blieb ein Traum, wie so vieles in unserem Leben.

Gespräch mit meinem Quittenbaum

Wahrhaftig, man kann es gar nicht fassen, wie sehr selbst wir Nordlichter in diesem Sommer wettermäßig schon verwöhnt worden sind. Seit Wochen, ja, Monaten ist es immer wieder herrlich warm und sonnig, die Luft angenehm wie Badewanne, und die Natur zeigt, blühfreudig wie selten, ein Feuerwerk an Farben. In den Mittagsstunden allerdings muss man Siesta halten, denn dann wird es unerträglich heiß draußen. Ich bin sehr an Süditalien erinnert, wo die müden Menschen ihr Eselchen einfach an den nächsten Baum banden und sich selbst auf irgendeiner Treppenstufe schlafen legten. So wenigstens erlebte ich es damals – vor Jahren.

Natürlich ist auch diese Wetterlage nur für Touristen und Bürger, die sich sorglos den sommerlichen Temperaturen hingeben können, ideal, nicht aber für die Landwirtschaft und die Gartenbesitzer. Hier schauen viele schon sorgenvoll zum Himmel hinauf, ja, in Italien werden bereits richtige Bitt-Gottesdienste abgehalten, um Regen zu er-

flehen. Immer und überall scheint das Gleichge-
wicht in der Natur gestört, denn wenn dann Regen fällt, dann hat er sintflutartige Ausmaße, zerstört und tötet Bäume, Ernten, Tiere und Menschen, wie es scheint gnadenlos.

Ich laufe, solange die Regentonnen noch Wasser bieten, jeden Abend von einer dürstenden
Pflanze zur anderen und verteile sparsam aber
gerecht das Lebensnotwendigste. Mein Garten ist
es zufrieden und vertraut mir. Wenn es gerade
erträglich draußen ist, jäte ich auch ein wenig
Unkraut hier und da und mähe das schüttere
Gras. Der Quittenbaum hat wieder zentnerweise
Früchte angesetzt, wirft sie aber jetzt eimervoll
ab. Wie vernünftig! Man muss bei solchem Wetter Maß halten. Dieser Baum ist nicht nur mir im
Laufe der Jahre sehr ans Herz gewachsen, sondern auch vielen anderen, die auf seine immer
zuverlässige, reiche Ernte hoffen. Dass er allerdings auch meiner Tochter Kitty etwas bedeutet,
wusste ich bis vor kurzem noch nicht, denn ich
hielt sie weder für einen Gartenfreak, noch für
fähig, einen Obstbaum vom anderen zu unterscheiden. Verzeihung, das mag eine Fehleinschät-
zung sein. Aber von einer besonderen Sympathie
zu unserm Quittenbaum hatte sie mir noch nie
erzählt bis, ja, bis sie sich entschloss, einen
Yogakurs zu belegen. Die abendliche Entspan-
nungsstunde endete immer mit der Aufforderung,
sich in etwas hineinzuversetzen, ja sich mit et-

was zu identifizieren. Und was tat sie? Sie versuchte, selbst dieser Quittenbaum zu sein, dem
ich das heute beim Gießen berichtete.

Oh, wie stolz er war!

"Da hat sie sich das richtige Objekt ausgewählt",
raunt er, „denn ich bin weit im Umkreis einzigartig. Bedenke nur mein Alter und meine beachtli-
che Gesundheit bei inzwischen 20 Jahren! Sieh,
meine kräftigen, weit ausgestreckten Äste, die sich
jeden Frühling wieder mit den graugrünen pelzi-
gen Blättern schmücken. Und wie wundervoll
sehe ich erst aus, wenn ich Tausende meiner zart-
rosa Blüten öffne, um Bienen, Hummeln und
anderen Insekten Nahrung zu geben. Gewiss, sie
entschädigen mich auch, befruchten meine Stem-
pel und brummen mir entzückende Weisen dazu.
Ich glaube, sie lieben mich! Ja, ich bin mir eigentlich ganz sicher. Liebt man deine Tochter auch?"

„Aber natürlich!", antworte ich im Brustton der
Überzeugung.

„Na, dann ist sie meiner würdig", seufzt er zufrieden. Ich bin etwas erstaunt über seine Selbst-
herrlichkeit und frage nach den benachbarten
Bäumen.

„Der Apfel nebenan?"

„Nun, natürlich, er versucht es mir gleichzu-
tun, und auch die Pflaume gibt sich Mühe, aber
sie sind eben keine Quitten. Was mich nämlich
von allen unterscheidet, ist der zarte Flaum meiner wundervollen Früchte, ihre Dauerhaftigkeit

und ihr Aroma. Manche Menschen legen sich Quitten ins Zimmer, nur um ihres Duftes willen, und auch ich selbst kann gar nicht genug davon bekommen. Aus diesem Grunde werde ich im Herbst zum Herkules, dem wunderstarken Mann, der einst das Himmelsgewölbe trug. Ich trage Hunderte von Quitten, Jahr für Jahr. Du ermahnst mich ja schon immer, es mir etwas leichter zu machen und an mein Alter zu denken. Aber bisher denke ich nur an meine Kinder, die Quitten, Quitten, Quitten. Hat deine Tochter auch so viel zu tragen?"

„Leider ja, viel zu viel!", klage ich.

„Ich werde ihr Kraft geben," meint er, „sie soll nur an mich denken, und sich an meinem köstlichen Gelee laben. Sie ist auf jeden Fall etwas ganz Besonderes, so wie ich."

„Nun, ich werde es ihr bestellen", antworte ich geschmeichelt, „aber woher kennst du Herkules?"

„Ach so etwas wissen wir Pflanzen. Herkules ist ein großes Sternbild am Himmel, und die Sterne übermitteln uns in den Nächten ihre Geschichte und alles, was mit Himmel und Erde zu tun hat. Wir geben es von Generation zu Generation weiter."

„Toll!", staune ich, sinne aber nun im Stillen gerade darüber nach, mit wem oder was ich mich selbst wohl in einer Yogastunde identifizieren könnte. Und beim Gedanken an die Nächte kommt mir der Zug in den Sinn, den ich so oft mitternächtlich vorbeibrausen höre. Vielleicht mit einer Lokomotive, denke ich, wage es aber meinem Freund nicht zu sagen, denn was sollte er schon von Lokomotiven wissen? Ich sehe im Geiste, wie sich die Schienenstränge endlos vor mir dehnen und im Licht meiner hell erleuchteten Augen aufglänzen. Ich bin noch eine alte Dampflok mit Tender und spüre, wie der Heizer mein Herz zum Glühen bringt, sodass die Funken aus meinem Schornstein fliegen. Ich kenne die Strecke, jede Schranke, jeden Bahnhof und lebe mit den festgesetzten Zeitspannen, die es einzuhalten gilt, wenn sich nicht – und leider kommt es in meinem Leben vor – furchtbare Katastrophen ereignen. Hier lasse ich meinen schrillen Pfiff hören, denn mein Job ist nicht ungefährlich. Mit den Wagen habe ich wenig gemein. Sie sind eine dumme Schafherde, die mir folgt, wohin ich sie führe, aber natürlich fühle ich mich in gewisser Weise für sie verantwortlich und folge drum gewissenhaft dem, der mich selbst führt.

Plötzlich sehe ich, wie mein alter Quittenbaum sich vor Lachen schüttelt und dabei pfundweise unreife Quitten in Gras wirft.

„Lokomotive?", ächzt er. "Ha, ha, ha! Du und Lokomotive! Jeden Abend befürchte ich, dass du umfällst, wenn du mit den schweren Kannen von Beet zu Beet taumelst. Pass nur auf, dass dir im Garten keine furchtbaren Katastrophen passieren und bleib schön hier, wo du für uns verantwortlich bist."

Und schon wieder prustet er los. Ich bin entsetzt, dass er meine Gedanken lesen konnte und auch ein wenig beleidigt. Dann überlege ich, dass nur ein Freund es sich leisten darf, einem die Wahrheit zu sagen, auch wenn sie wehtut. Und der Quittenbaum i s t mein Freund! Das Lachen hätte er sich allerdings sparen können. Das war ungezogen! Aber egal. Ich verzeihe ihm und gebe ihm heute Abend eine doppelte Portion Wasser.

Auf dem Friedhof

Heute Abend ist gruseliges Friedhofswetter. Der Sommer geht mal wieder – wie in diesem Jahr so oft – in Sack und Asche. Es ist nicht kalt, aber der Himmel hat graugelbliche Töne angenommen, und ein unheimlicher Wind huscht zwischen Bäumen und Stauden umher. Dramatische Szenerie für irgendeinen Krimi oder ein düsteres Märchen. Man wollte das ja schon geduldig hinnehmen, wenn es mal so wäre. Aber leider ist es in diesem Jahr fast – möchte man sagen – die Norm.

Kein Wunder also, dass die Strandkörbe leer sind und die Gastronomie über fehlende Gäste klagt. Badetemperaturen sind bisher noch kaum erreicht worden, und Bräune war nur mit Kosmetikcreme vorzutäuschen. Jeder ist froh, wenn die Sonne wenigstens ab und an für ein paar Stunden scheint. Für die zünftige Grillparty reicht es aber einfach nicht, und so ist uns der durch die Gärten ziehende köstliche Duft saftiger Steaks in diesem Sommer vorenthalten worden.

Ja, ‚Friedhofswetter' sagte ich anfangs. Aber das stimmt nicht so ganz, denn die Menschen gehen eigentlich immer nur auf den Friedhof, wenn es warm und trocken ist. Wo sollten sie auch bei Regengüssen dort Unterschlupf finden?

Ich bin in den letzten Wochen ein paarmal auf unserem Friedhof gewesen. Es geschehen so viele traurige Dinge auf der Welt: immer wieder Flugzeugkatastrophen, bei denen Hunderte von Menschen in den Tod gerissen werden. Riesige, nicht zu löschende Waldbrände wüten in Nordamerika, während woanders die Menschen durch Wasser- und Schlammassen Haus und Hof verlieren. Dazu das Ozonloch! Wir haben immer ‚Zu-Wetter', sagt meine Tochter. Es ist zu kalt, zu heiß, zu trocken, zu nass, zu stürmisch und vor allem viel zu wenig sommerlich in diesem Jahr. Und das stimmt!

Das Wetter hat sich total verändert. Alles, was geschieht, nimmt Ausmaße an, die man früher nicht kannte, ja, nicht für möglich gehalten hätte. Aber wer hätte es sich auch derzeit vorstellen können, dass eines Tages so viele Flugzeuge und Autos die Luft über den ganzen Erdball hin mit Abgasen belasten würden, ja, dass man die Schallgrenze durchbrechen und mit Raketen zum Mond und noch viel weiter fliegen könnte? Wer hätte es geglaubt, dass die Luft einmal schwirren, flimmern, summen und singen würde von Bildern, Wörtern und Tönen, die durch den Äther gesandt werden, um uns in Radio und Fernsehen und anderem mehr wieder sicht- und hörbar gemacht zu werden? All das hätte man doch zu unserer Kindheit noch ins Reich der Fabel verwiesen! Vielen ist es selbstverständlich, aber mir fehlt der Gesprächspartner, mit dem man über die Geschehnisse reden und sie in die richtige Relation bringen könnte. Vielleicht sind sie mir darum oft so unheimlich. Ja, sie machen mir Angst. Wenn mir diese Eindrücke und meine traurigen Gedanken über den Kopf wachsen, dann gehe ich eben mal ‚zu Hans‘, und hoffe, zu innerer Klarheit zu kommen. Allerdings wird mir hier keineswegs durch ein gepflegtes Grab das anheimelnde ‚Schrebergarten-Gefühl‘ vermittelt, denn mein Mann wurde anonym beerdigt. Seine Asche liegt irgendwo unter einer grünen Rasenfläche, die ein hohes schwarzes Kreuz als Grabfeld kennzeichnet. Unter dem Kreuz ein bewachsener Erdhügel und ein Feldstein mit der Inschrift ‚Ich bin die Auferstehung und das Leben‘. Das ist ja dann schon ein tröstlicher Hinweis.

Unser Friedhof ist nicht groß, aber doch sehr schön. Eine Allee von mächtigen Linden führt wie der Mittelgang eines Domes fast von einem Ende bis zum anderen. Linden mit ihren herzförmigen Blättern und den oft dicht bewachsenen Stammsockeln haben für mich eine behütende, mütterliche Ausstrahlung. Kein Wunder, dass der Dichter des berühmten Liedes ‚Am Brunnen vor dem

Tore' den Wanderer gerade unter dem Linden-
baum Abschied nehmen lässt. Ja, man findet Ruhe
dort'.

Rechts und links davon die Reihen mit den vielen gepflegten Gräbern. Anfangs bedrückte mich
die große Ansammlung von Steinen, inzwischen
schaue ich sie mir mit Interesse an, sehe die verschiedenen Formen, Farben und vor allem die
Namen. Seltsam, dass gerade mein Mann, der
durch die Ahnenforschung ein so besonderes Verhältnis zu Namen hatte, ja, selbst anhand von
Namen Schlüsse zog und zu erstaunlichen Er-
kenntnissen kam, nun namenlos dort liegt. Gott
sprach: 'Ich habe dich bei deinem Namen geru-
fen, du bist mein!' Ich durfte lernen, dass der
Name, den Gott einem Menschen gibt, ein anderer ist als unser irdischer Taufname. Bei Gott
werden wir wohl unsere Namen haben, auch wenn
sie eines Tages nicht auf dem Grabstein stehen.

Augenblicklich überbieten sich die Gräber an
Blumenpracht. Fuchsien, Fleißige Lieschen, Gla-
diolen, Geranien, Begonien und vieles andere
mehr. Zu jeder Tageszeit sind Angehörige damit
beschäftigt, an den ‚Grabgärtlein' zu arbeiten.
Gießkannen hängen in ausreichender Zahl am
Mittelweg, wo auch Wasserhähne und Kompost-
tonnen zu finden sind. Da begegnet man sowohl
weißhaarigen Männern und Frauen, die neue
Pflänzchen in Körben herbeitragen und gebeugt
mit rundem Rücken einsetzen als auch braven

jüngeren Leuten, die die Gräber ihrer Eltern pflegen. In einem Dorf sind solche Beweise der Treue wichtig und werden von Nachbarn, Bekannten und Verwandten sehr wohl beachtet. Auch kann man mit dem Schmuck der Gräber prunken und den Ehrgeiz befriedigen. 'Mein Grab ist schöner als deines!' Diesen triumphierenden Ruf scheint man hier und da zu vernehmen, auch wenn vollendete Stille herrscht. Leute, denen man nachsagt, dass sie zu Lebzeiten doch recht unfreundlich mit dem 'lieben Verstorbenen' umgegangen sind, sieht man besonders häufig an deren Gräbern stehen, denn es ist leichter mit Verstorbenen in Harmonie zu leben als mit den Lebenden. Wie gut nur, dass niemand unsere Selbst- und Zwiegespräche belauschen kann.

Leider kommt es auch vor, dass die frisch eingesetzten Pflänzchen bei Dunkelheit wieder ausgegraben und gestohlen werden. Menschliches und Allzumenschliches. Ob es Glück bringt, Verstorbene zu bestehlen?

Nachdem Hans beerdigt worden war, gingen Caroline und ich am Abend noch einmal zu dem hohen schwarzen Kreuz, unter das die verantwortlichen Gärtner alle Kränze, Gestecke und Sträuße in heilloser Unordnung hingeworfen hatten. Wir versuchten, alles etwas würdiger anzuordnen, legten Bänder und Schleifen zurecht, sodass man die Aufschrift lesen konnte und gaben allen Blumen Raum genug, zu leben und zu leuch-

ten. Ein paar Sträuße fanden wir so frisch und
bezaubernd, dass wir beschlossen, sie mit nach
Hause zu nehmen, um selbst noch etwas Freude
daran zu haben.

Doch bevor wir den Ausgang erreicht hatten,
kehrten wir wieder um und brachten unsere
Fracht zurück. Nein, was da einmal auf dem
Friedhof gelegen hat, das nimmt man nicht weg!
Es war uns im gleichen Moment klar geworden,
und darüber gab es nun auch keine weitere Dis-
kussion mehr.

Neulich nahm ich Hans eine weiße Madonnen-
lilie mit in Erinnerung an meinen Kranz, der damals mit diesen Blumen geschmückt gewesen war.
Ich stellte sie in eines der Gläser, die am Kreuz
immer in ausreichender Zahl zur Verfügung stehen, bevor ich, auf der kargen Holzbank am Rande des Grasfeldes sitzend, noch eine Weile an ihn
dachte. Nach einer Woche ging ich wieder hin, um
nach meiner Lilie zu schauen. Sie war braun und
verwelkt. Natürlich. Daneben aber lag eine wunderschöne, ganz frisch geschnittene rote Rose. Ich
nahm die Lilie aus dem Glas und stellte die dür-
stende Rose ins Wasser. Als ich Kitty von dieser
Rose erzählte, sagte sie:

„Na, die hat dir Hans doch hingelegt! Da gibt
es gar keine Frage!"

Und tatsächlich, ich freute mich, als sei es wirklich so gewesen.

So kann man auch auf einem Friedhof noch

vieles sehen und erleben, was zum Nachdenken anregt, und manche Begegnung zwischen den Gräbern macht Freude und bereichert den stillen Alltag.

Noch bevor ich den Rückweg antrat, sprach mich eine ältere Frau über die Hecke hin an.

„Endlich mal besseres Wetter, nicht wahr? Da kann man schon eine Weile dort sitzen."

„Ja", rief ich zurück. „Es ist richtig warm."

Dabei sah ich, dass die Frau einen Gehwagen auf dem unebenen Weg mühselig vor sich herschob. Zugleich erinnerte ich mich daran, dass ich diesen Gehwagen an einem der Gräber und die Frau kniend daneben gesehen hatte. Sie schien verschiedene Pflanzen einzusetzen, die vorn im Wagen gestanden hatten. Welche Mühsal!

„Nein", rief sie nun herüber, „ich kann das Grab nicht mehr pflegen! Ich kann es einfach nicht mehr! Was soll ich nur machen? Die Grabpflege ist teuer, und Kinder habe ich keine, die mir helfen könnten. Ich bin ganz verzweifelt."

Voller Mitgefühl sprach ich noch einige Zeit mit ihr, ohne ihr Problem lösen zu können, was sie aber auch wohl nicht erwartete.

„Nun bin ich schon fast zwei Jahre allein, aber ich kann den Verlust nicht verwinden. Wir waren 43 Jahre verheiratet, und wenn ich nach Hause komme, weiß ich nicht, was ich mit mir anfangen soll. Das Fernsehen, ja, immer nur das Fernsehen! Ach, ich bin so einsam!"

Hilflos blieb ich zurück, hörte sie aber noch immer reden und jammern, während sie sich mit ihrem Wägelchen schon weit von mir entfernt hatte.

Ich glaube, dass ich es im Verhältnis zu anderen noch sehr gut habe. Hans hat es wahrscheinlich richtig gemacht mit seinem anonymen Grab, und ich kann gar nicht dankbar genug sein für Kinder, die mir hilfreich sind, für liebe Verwandte und Freunde, die schreiben, anrufen oder mich besuchen. Vor allem aber für die Gnade, geistige Interessen und Gaben zu haben, mit denen ich mir auch über traurige und einsame Stunden hinweghelfen kann.

Pfingsten

Wir haben Mitte Juni, und gestern war ein drük-
kend heißer Tag, der uns alle gegen Abend auf
Regen hoffen ließ. Vier Wochen schon warten wir
auf das segensvolle Nass, denn die großen Tonnen sind leer, die Blüten verwelken viel zu schnell,
und alle Pflanzen lassen müde die Blätter hängen. Als ich gegen 22 Uhr noch einmal auf die
Terrasse trat, stand ein makelloser Regenbogen
im Osten, den die untergehende Sonne fast my-
stisch erstrahlen ließ. Er machte mich glücklich,
denn einst nach der Sintflut hatte Gott ihn als
Zeichen seiner Gnade gesandt. Er hatte den Menschen ihre Sünden vergeben und versprochen, die
Erde nie mehr durch eine Sintflut zu vernichten.

Heute Morgen scheint wieder die Sonne vom
lichtblauen Himmel und Regen, den heiß ersehnten Regen, brachte auch diese Nacht nicht. Dürre kann ebenso vernichtend sein wie Sintflut, aber
über Dürre hat Gott meiner Ansicht nach nie ge-
sprochen, oder? Doch lassen wir dieses Thema.
Die höchst eigenartigen Wetterverhältnisse unse-

rer Zeit darf man nicht überbewerten. Es hat immer Überschwemmungen und Trockenheit gegeben und am Ende – irgendwann – war dann doch alles wieder ausgeglichen und gut. Die Natur ist viel tapferer, viel zuversichtlicher, viel stärker als unsere bangenden Gemüter.

Pfingsten liegt bereits hinter uns, ein Pfingstfest, wie man es sich nicht schöner hätte wünschen können. Es war sonnig, duftig, festlich und spürbar vom Heiligen Geist durchwoben. Ich liebe das Pfingstfest und habe mir schon als Mädchen gewünscht, auch einmal so verzückt zu sein und alle Sprachen sprechen zu können, ohne Vokabeln lernen zu müssen.

Inzwischen sind meine Wünsche bescheidener geworden, aber die Sprache der Tiere vorübergehend mal zu verstehen, das wäre noch immer mein Wunsch.

Wie sehr habe ich als Mädchen Dr. Dolittle beneidet! In einem meiner Märchenbücher wurde ein kleines Mädchen angewiesen, das Schüsselchen zu suchen, das dort steht, wo der Regenbogen die Erde berührt. Es ging – barfuß – und fand dieses Wundergefäß, das ich noch heute vor Augen sehe, märchenhaft schön, aus zartestem Glas und glänzend wie Opal. Sobald sie es in den Händen hielt, hörte sie die Stimmen der Tiere und konnte sich mit ihnen verständigen.

Was mögen die Zugvögel erzählen, wenn sie aus Afrika zurückkehren? Was singen die Fische in den Weltmeeren, und was vermittelt das Nilpferd seinem Kind? Was raunen die Raubkatzen einander zu, und was besprechen die Krähen, wenn sie am Abend wieder auf die hohen Bäume rund um unser Dorf zurückkehren?

Ich weiß es nicht und würde auch heute mit Arthrose in Knie und Fußgelenken nicht mehr versuchen, das Ende des Regenbogens zu finden. Ich bin zufrieden, seinen wundervollen Bogen noch am Himmel bewundern zu können.

Trotzdem, fände ich das Schüsselchen, könnte ich den Tieren ja auch vielleicht den einen oder anderen guten Rat geben. Die Amsel würde ich bitten, meine Erdbeeren nicht anzupicken, sondern sie richtig aufzufressen. Das wäre doch viel rationeller, nicht wahr? Ich gönne ihnen ja die süßen Früchte, aber Ordnung muss sein! Die Spatzen wollte ich schon lange fragen, warum sie so viele Johannisbeeren, reif oder unreif, abreißen, ohne sie zu fressen oder sich weiter darum zu kümmern. ‚Spare in der Zeit, so hast du in der Not' und ‚mit Essen spielt man nicht'. So lehrte man es uns, als wir Kinder waren. Spatzenmütter kennen anscheinend solche weisen Reden nicht, und ich würde versuchen, Verständnis dafür zu erwirken. Ich bin ja mit Berta, der Fliege auch ganz gut zurechtgekommen. Auch mit den Schnecken hätte ich ein Wörtchen zu reden, eines vielleicht, das sie vor dem Schneckenmorden angewiderter und verzweifelter Menschen bewahren könnte. Aber ob sie meine guten Ratschläge beherzigen würden? Sehr fraglich. Der Instinkt ist älter und weiser als unser Verstand. Und um Schlachthäuser und Hühnerbatterien müsste ich gewiss einen riesengroßen Bogen machen, wenn ich überhaupt noch eine Nacht ruhig schlafen wollte. Also lassen wir das lieber mit den törichten Wunschträumen, die meinem Alter sowieso nicht angemessen sind.

Wo die Seele wohnt

Seit einiger Zeit lese ich ein psychologisches Buch, das mir eine kluge Cousine ausgeliehen hat. Sie ist als Kinderärztin und Psychologin Mitautorin eines Buches, das sich mit ,Katathymem Bilderleben' befasst. Sein Titel: 'Wo die Seele wohnt'. Nun weiß ich zwar nicht genau, was katathymes Bilderleben heißt, sehe aber, dass Menschen der verschiedensten Altersstufen in diesem Buch ihr ,Seelenhaus' gemalt oder gezeichnet haben. Anhand dieser Zeichnungen kann sich ein Psychologe ein Bild von der Persönlichkeitsstruktur und den Problemen des jeweiligen Haus-Erbauers machen.

Nachdem ich mir viele verschiedene Schöpfungen angeschaut hatte, begann ich in Gedanken mein eigenes Seelenhaus zu suchen, was mir schier die Ruhe nahm. Ich bin durch die Jahre gewandert, habe geschaut und gebaut und immer wieder verworfen. Ein Seelenhaus hat – zumindest nach einer Therapie – doch offenbar jeder. Warum gerade ich nicht?

Nun endlich glaube ich, es gefunden zu haben, mein Haus! Es ist eine barocke Standuhr. Wo sie steht, weiß ich nicht, denn ich lebe ja im Innenraum. Die für mich sichtbaren Wände der Uhr sind aus kostbarem Holz, das angenehm duftet. Es wäre ziemlich dunkel im Gehäuse, wenn sich nicht auf halber Höhe ein geschnitztes Sichtfenster befände. Von außen stelle ich mir ‚meine Uhr' recht hübsch vor. Sie hat goldfarbenes Holz und Intarsien. Ich bin kleiner als die Mitmenschen, die an meinem geschnörkelten Fenster vorüberhasten, bin geschrumpft und unwesentlich geworden. Trotzdem ist das Uhrgehäuse selbst für mein Zwergen-Dasein recht eng. Ich bemerke, dass es mich oft körperlich behindert. Ich stoße mich viel und häufig, bin eben ungeschickt geworden.

Das Bett und ein bequemer Lehnstuhl stehen im untersten Geschoss. Beides sind erlesene Möbel, bequem und wunderbar gearbeitet. Neben dem Bett geht der Perpendikel meiner Uhr ständig hin und her Tick – tack – tick – tack. Ich höre es Tag und Nacht. Am Fußende hängen die Ketten, an denen sich die Gewichte befinden. Ich weiß, dass ich mein Uhrhaus verlassen muss, wenn die Gewichte den Boden berühren, aber ich sehe sie nicht. Und — vorerst lebe ich ja noch.

Am Tag steige ich öfter eine schmale Treppe hinauf, schaue aus meinem Luftloch und spreche mit dem einen oder anderen, der vorbeikommt.

Es gibt noch zwei weitere Räume, die jeweils nur einige Stufen höher gelegen sind. Da ist erstens der ‚Traumraum'. In ihm steht ein Stuhl mit Armlehnen, hohem Rückenteil und kleinen Rundungen rechts und links, an die man den Kopf legen kann. Das ganze Zimmer ist ausgekleidet mit eigenartig opalisierenden Glaswänden, die mir jedes gewünschte Bild meiner Phantasie oder Erinnerung zeigen können. Ein Märchenbuch rundum. Ich bin auf der Suche nach meinem Seelenhaus viele Male in diesen Raum gestiegen und habe Bild auf Bild an mir vorüberziehen lassen. Immer waren es nur Situationen, die mir in den Sinn kamen, bestimmte atmosphärische Voraussetzungen, die mir heimatlich erschienen.

Ich sah zum Beispiel meine Großmutter unter einer Stehlampe mit rotem Schirm sitzen. Wir nannten diese Lampe ‚die Dahlie'. Sie strickte oder stickte. Im Radio Beethovenmusik. Oder die Küche des sogenannten ‚Behelfsheimes' in Hessen. Eine Holzbaracke. Sonne schien herein und Hühner waren auf das Fensterbrett geflogen. Auch das lichte Zimmer, in dem ich lag, nachdem meine jüngste Tochter geboren worden war, kam mir in den Sinn und ein goldglänzendes Kirchenschiff, das mir in Spanien vor Staunen den Atem nahm. Aber eben immer nur mit gewissen Emotionen beladene Bilder von Räumen. Kein Haus. Trotzdem muss ich sagen, dass ich diesen Traumraum meiner Standuhr sehr liebe Es mag ja sein, dass ich Probleme mit der Hausfindung hatte, weil ich in meinem Leben 25 mal umziehen musste. Niemand hat mich gefragt, ob mir das neue Haus, die neue Wohnung genehm sei. Ich musste sie immer so nehmen, wie es kam und versuchen, wieder eine Seelenheimat darin zu finden. Das glückte oft nur schlecht und recht und einmal sogar überhaupt nicht. So etwas gibt es anscheinend auch, wenn der Missklang zu groß wird.

Noch ein paar Stufen höher liegt das ‚Gedankenzimmer'. Dort höre ich das Arbeiten der Räder des großen Uhrwerks über mir. Hier habe ich früher gern gekniet. Jetzt komme ich so schwer wieder auf die Beine. Ich habe einen schlichten Holzstuhl hineingestellt, weil ich mich konzentrieren muss und es nicht zu behaglich haben darf. Ich lese, versuche nachzudenken unter dem ständigen Knirschen der geheimnisvollen Funktionen über mir. Das Zifferblatt kann ich nicht sehen. Es scheint mit der Sonne zu kommunizieren, und ich habe mir fest vorgenommen, noch einen Blick darauf zu werfen, wenn ich mein Seelenhaus eines Tages verlassen muss.

Shopping

Eigentlich gab es nichts einzukaufen. Ich hatte alles im Hause. Am Morgen schon war ich von einem Freund mit dem Auto ins Städtchen gefahren worden, um das Notwendige zu beschaffen, und das war nicht viel gewesen.

Am Nachmittag hatte der Himmel alle Schleusen geöffnet. An Gartenarbeit war nicht zu denken, und die Räume meines Hauses lagen in tristem Dunkel. Es kommt zwar selten vor, aber heute wusste ich nichts mit mir anzufangen, ja, ich bekam fast Depressionen durch die schwer lastende ‚ägyptische Finsternis' rundum. Was also tun?

Plötzlich stand mir der Lichtpalast eines Supermarktes im nächsten Badeort vor Augen. Vielleicht sollte ich mich noch einmal aufraffen, um dort unter Leuten zu sein? Ich könnte ja nur so zu tun als ob … Vielleicht einen Becher Joghurt mitnehmen und im Übrigen herumschlendern, anschauen und Eindrücke auf mich wirken lassen.

Gesagt, getan. Mit Schirm und Kopftuch bestieg ich den Bus. Die Scheibenwischer hatten Mühe, die Fluten an der Windschutzscheibe zur Seite zu schieben, der Regen trommelte heftig aufs Verdeck und Wasserkaskaden spritzten bis an die Fenster, wenn wir durch Pfützen fuhren. Das Land lag aschgrau unter dem feuchten Schleier wie im Nebel. Aber der Lichtpalast wurde meinen Vorstellungen gerecht. Er empfing mich warm, gesellig und farbenfroh mit dem Duft frischer Backwaren. Ich wollte ja nichts kaufen und glaubte darum, endlos viel Zeit zu haben.

Was so ein Supermarkt zu bieten hat, weiß heute jedes Kind. Hier fing es mit Kleidung und diversen Textilien an, die mich nur wenig interessierten. Aber sie sahen doch sehr begehrenswert aus. Ich dachte an meine vielen uralten Frotteehandtücher und verglich sie im Stillen mit der flauschigen bunten Ware, die hier gestapelt lag. Ach Unsinn! Warum sollte ich mir wohl in meinem fortgeschrittenen Alter neue Tücher kaufen? Eine Weile hielt ich verzückt winzige Babysöckchen für Kinder von null bis vier Monaten in der Hand. Wie niedlich! Kannte ich niemanden, dem ich sie hätte schenken können? Nein. Leider nicht. Das waren noch Zeiten, als ich sie für unsere eigenen Babys mitgenommen hätte, die inzwischen längst auf Schuhen der Größe 37 bis 40 herumlaufen. Weiter zu der riesigen Auswahl an Spirituosen. Ja, vielleicht eine Flasche Kaffeelikör? Aber nein.

Ich hatte ja gerade eine geschenkt bekommen.
Und allein schmecken diese Köstlichkeiten doch
nur halb so gut.

Dann kamen die Haushaltswaren. Geschirr und
Besteck, Küchengeräte und Plastik in allen Farben und Formen. Hübsch anzuschauen. Plastik,
so habe ich mal gehört, wird - wie vieles andere
mehr – größtenteils aus Erdöl hergestellt. Erdöl
aber ist in Millionen von Jahren durch Zerset-
zungsprozesse aus winzigen tierischen und pflanz-
lichen Lebewesen entstanden und wird heute tief
unter der Erde aus seinem Dornröschenschlaf
geweckt, um als Grundstoff für tausenderlei Dinge zu dienen, die wir für notwendig erachten. Ein
seltsamer Gedanke, dass gerade wir die Generation sind, der dieses ,schwarze Gold' zu Füßen
gelegt wird. Unser Leben wäre kaum mehr denk-
bar ohne Erdöl. Aber vielfach vergeuden wir die
unersetzlichen Schätze auch für unsinnige Dinge. ,Was machbar ist, wird gemacht', hat ein kluger Forscher gesagt. Das stimmt. Aber warum
denkt der Mensch in erster Linie an das ,Machen',
das Glück der Entdeckung und Erzeugung? Die
Folgen, die unser unbekümmertes Tun nach sich
zieht, werden erst spätere Generationen zu spüren bekommen und bewältigen müssen. Hoffentlich haben sie keinen Grund, uns zu zürnen.

Ich ging durch das Obst- und Gemüseparadies.
Nichts, das es nicht gab! Flugzeuge hatten in
Kühl-Containern Waren aus aller Herren Länder

herbeigebracht. Meine Eltern würden verunsichert und misstrauisch zwischen den Mengen an Mangos und Avocados, Lidschis, Kiwis und anderen exotischen Früchten stehen, die sie alle nie zuvor gesehen hatten. Auch Erdbeeren im März aus Spanien und Mais im April aus Afrika hätten sie sehr erstaunt, denn zu ihrer Zeit wurde jetzt im Frühjahr hauptsächlich von dem gelebt, was im Sommer und Herbst an Gemüse und Obst eingekocht worden war. Und dann auch nur Ware aus ‚deutschen Landen'. Wenn zu Weihnachen bei meiner Großmutter als Höhepunkt des Festmahls eine Ananas serviert wurde, dann bekamen wir Kinder große Augen und aßen die seltene, schöne Frucht mit ehrfürchtigen Gefühlen.

Man denke nun nicht etwa, dass in meinem Einkaufswagen inzwischen tatsächlich nur ein kleiner Joghurtbecher stand. Nein, keineswegs. Ich ärgerte mich bereits wieder, dass ich den großen Beutel nicht mitgenommen hatte. Ein Spiel, ein T-Shirt, Rosinenbrot, Obst und Naschkram, der große Einkaufwagen nahm alles willig auf und ließ mich das Gewicht nicht spüren, das ich doch später nach Hause würde schleppen müssen.

Weiter zum Fleischstand. Bei dem nahrhaften Geruch fing mein Magen an zu knurren. Ohne hungrig zu sein, bekam ich Hunger. Ich sah mir die schön angerichteten Dinge in der Theke an und fühlte mich nicht einen Augenblick daran erinnert, dass das frische Fleisch und der appetitliche Aufschnitt von einst lebenden Tieren stammt. Man hat es großartig verstanden, diese Eindrücke zu verwischen. Zwischen Petersilien-, Zwiebel- und Knoblauchdekoration lachen fröhliche Gesichter, Dinosaurier und ähnliche Bilderbuchfiguren von den Scheiben großer Würste, und die aufgetürmten Berge von Mett- ,Leber-, Zungen-, Kohl- und Wienerwürsten sind einfach eine Augenweide. Ich will absolut kein Spielverderber sein. Auch ich esse gern Fleisch und gelegentlich auch Aufschnitt. Nur hatte ich gerade einen mich sehr überraschenden Ausspruch von Leonardo da Vinci gelesen: ,Es wird ein Tag kommen, an dem die Menschen über die Tötung eines Tieres genauso urteilen werden, wie sie heute die eines Menschen beurteilen. Es wird die Zeit kommen, in welcher wir das Essen von Tieren ebenso verurteilen, wie wir heute das Essen von unseresgleichen, die Menschenfresserei, verurteilen.'

Diese Meinung vertrat der große Maler vor 500 Jahren! Wird sie sich je bewahrheiten? Bei den heutigen Verhältnissen erinnert diese Hoffnung schon fast an die Hoffnung auf Christi Wiederkehr.

Das Angebot an Tiernahrung stimmte zuversichtlich. Hunde und Katzen scheinen es geschafft zu haben. Niemand in deutschen Landen denkt daran, sie zu schlachten. Aber sie wurden ja auch früher bei uns nicht gegessen. Auch der Pferdeschlachter hatte es immer schwer, Kunden zu finden. Da gibt es tatsächlich gewisse Tabus. Beim Anblick der Gartenzwerge und anderer Figuren fürs heimische Paradies, fiel mir der Bus ein, der mich wieder nach Hause bringen sollte. Ach du Schreck, nur noch zehn Minuten! Ich schaffte es im letzten Augenblick.

Auf der Rückfahrt wurde ich mir dessen bewusst, dass dieses Einkaufserlebnis mich an die allerersten Einkäufe meines Lebens erinnert hatte. Mit sechs Jahren legte ich stolz ein ‚Fünferle' auf den speckigen Holztisch des Krämerladens und nahm glücklich eine kleine spitze Papiertüte mit mindestens zehn Bonbons im Empfang. Keine Notwendigkeit, aber Erfüllung meiner Träume, Befriedigung meiner Lust. Es kamen lange Jahre, in denen Einkauf wirklich nur dem Notwendigen diente und so gut wie nichts mit Lust zu tun hatte. Ich sah in Gedanken meine Mutter ermüdet vom schwer beladenen Fahrrad steigen, wenn sie in der Stadt für die kleine Familienpension eingekauft hatte. Nach dem Essen saß sie grübelnd über dem Büchlein, in dem sie sorgenvoll Ausgaben und Einnahmen notierte. Und dann kam der Krieg. Das Einkaufen auf Bezugsscheine, das ewige Anstehen, um überhaupt etwas zu bekommen und der stille Tausch der wenigen Habseligkeiten ‚unterm Tisch', der ‚Schwarze Markt'.

Nein, Einkaufen ist nicht gleich Einkaufen. Das haben mich die 80 Jahre meines Lebens gelehrt.

Darum spreche ich auch lieber von ‚Shopping',
weil unsere heutige Art des Einkaufens, auch
wenn sie mich an das Glücksgefühl meiner Kindheit erinnert, doch erst auf das Wirtschaftswun-
der nach dem Zweiten Weltkrieg zurückzuführen
ist. ‚Kauf mir was, kauf mir was, Kaufen macht
doch so viel Spaß!' Unter dem Motto darf man
heute seine Beutel und Taschen füllen. Es fällt
uns nicht schwer, die moderne Einkauf-Technik
zu beherrschen, denn Kaufen ist Freude, Gesel-
ligkeit, Licht und tiefe Befriedigung unserer Sinne und Träume. Konsum ist erwünscht und wichtig. Konsum schafft Arbeitsplätze und macht uns
alle glücklich. Warum also sollte ich mich schä-
men, dass es nicht beim kleinen Joghurtbecher
blieb? Im Gegenteil! Ich hatte es richtig gemacht
und durfte mir innerlich auf die malträtierte
Schulter klopfen, nachdem ich die Last im Hause
niedergesetzt und die eingeschlafenen Hände
schüttelnd wieder zum Leben erweckt hatte. Und
das tat ich dann auch und biss in einen wundervoll frischen riesigen Schaumkuss.

*M*ein Liebesverhältnis zur Vogelwelt

Um noch einmal auf die Vögel zurückzukommen, so haben sie mein Leben sehr bereichert. Es kam der Tag, an dem ich sie erstmalig mit Bewusstsein und Interesse wahr nahm. Dann kaufte ich mir einen ‚Vogelführer' und war von da an ein ‚Vogelfan'. Ich lernte viele gefiederte Freunde kennen außer Amsel, Drossel, Fink und Star, die ich schon lange kannte. Ich lernte sogar ganz besondere Vögel kennen, die man nur selten sieht.

Den Pirol und die Ringdrossel zum Beispiel, Schwanzmeisen, Trauerschnäpper, Birkenzeisig und viele andere mehr. Es ist mir schon öfter im Leben aufgefallen, dass man unbewusst geistige Hilfe herbeiruft, wenn man sich für irgendein Gebiet oder Thema besonders interessiert. Plötzlich hört man zufällig Vorträge im Radio, bekommt Bücher zum Thema geschenkt, lernt Menschen mit gleichen Interessen kennen oder entdeckt selbst ganz besondere Quellen.

Mein großes Interesse kam den neuen Freunden und Studienobjekten allerdings vorerst nicht

immer zugute, denn Vögel lieben die Verschwie-
genheit. Ich aber spürte sie überall auf und beobachtete sie von früh bis spät. Kein Nest blieb mir
verborgen. Kein Baum zu hoch, kein Gebüsch zu
dicht, ich scheute keine Gefahr, um die Zahl der
Eier und den Zustand der heranwachsenden Jung-
vögel zu überwachen. Und wenn er mir nicht gefiel, versuchte ich einzugreifen. Was hatte der
Feldsperling in meinem Meisenkasten zu suchen?
Erbarmungslos entfernte ich die kleinen bräun-
lichen Eier. Der Erfolg blieb mir allerdings versagt. Es kamen trotzdem keine Meisen, und die
Spatzen brüteten aufs Neue, ja, sie bauten ihr
Nest sogar über schon gelegte Meiseneier und
zogen unbekümmert ihre Jungen groß! Was für
kleine Vandalen!

Einmal stieg ich mit der Leiter hoch hinauf in
die am Haus rankende Rose, weil ich glaubte, die
Brut des Hänflings sei verlassen. Aber nein, sie
war es nicht. Das Männchen hatte still auf den
Eiern gebrütet und flatterte nun, zu Tode erschrocken, ganz taumelig vom Rosenstock hinunter auf den Rasen. Sofort stürzte sich mein
Hund auf dieses willkommene Spielzeug. Ich weiß
gar nicht, wie schnell ich von der Leiter gekommen bin, um das Vögelchen zu retten. Zu meiner
großen Beruhigung übernahm das Weibchen sofort das Brutgeschäft und lockte ihr Männchen
mit süßen tröstenden Worten, bis es sich beru-
higt und sich später wieder auf das Nest gewagt

hatte. Ein anderes Mal versuchte ich ein Nest im Gebüsch mit einem Maschendrahtverhau vor unserer Katze zu schützen, die sich für die Brut interessierte. Die Unruhe aber hat das Weibchen vom Nest vertrieben, und die Eier blieben verwaist zurück.

Ich wusste, dass der Nachbar ein brütendes Kanarieweibchen hatte, und bat ihn, meine verlassenen Eier doch mit ins Nest zu legen. Freundlicherweise tat er es, und das Kanarieweibchen brütete weiter. Meine kleinen Vögelchen aber schlüpften früher als die Kanaries und wurden zu Tode gebrütet. Wieder hatte ich eine traurige Lektion zu lernen.

Eines Abends lag das von unserer jüngsten Tochter verfasste Gedicht auf meinem Kopfkissen:

Wer bei Mutti brüten will,
verhalt' sich vor allem mucksmäuschenstill,
damit sie das Nest nicht erst entdecke,
denn sonst ist's vorbei mit dem Verstecke.
Sie muss dann zuschau'n,
beschützen und wachen,
weil's Vögel allein ja nicht richtig machen;
und wenn sie zwei Tage von ihnen nichts hört,
hat sie vor Sorge die Brut fast zerstört.
Darum Braunelle, Spatz und Meise
seid nur immer furchtbar leise,
oder besser fliegt hier einfach fort!
Und brütet an 'nem andern Ort.

Sie war so enttäuscht von mir, denn ich hatte ihr zuvor die Party zum 16. Geburtstag mit meiner Vogelhysterie verdorben. Das Fest sollte in unserem großen Wohnzimmer stattfinden, aber auf dem Balkon davor brüteten Blaumeisen. Wissend, welcher Art solche Partys meistens sind und in welcher Lautstärke sie vor sich gehen, zog ich einen der Lautsprecher aus der Steckdose, der sich in der Nähe des Nistkastens befand. Unsere heute technisch so interessierte und bewanderte Jugend bemerkte den fehlenden Lautsprecher bald und verbrachte nun den Party-Abend auf der Suche nach dem Fehler, um Caroline Schwierigkeiten zu ersparen. Auf die Idee mit der Steckdose ist keiner gekommen, und Caroline hat sich zudem mit den Ängsten quälen müssen, etwas kaputt gemacht zu haben.

Nun, genug von meiner Torheit, die inzwischen zum Glück schon lange, lange zurückliegt mich aber noch immer sehr beschämt. Eine schale, schuldbewusste Erinnerung. Aber die Liebe zu den Vögeln blieb. Ihr Tun ist zwar instinktgeleitet und doch - und vielleicht gerade daher - so wunderbar und weisheitsvoll, dass man davor ganz kleinlaut wird. Wer ist nicht gerührt, wenn er ein Weibchen seine Jungen füttert sieht, und wen ergreift es nicht, wenn ein Männchen tagelang um das Weibchen trauert, das sich an einer Scheibe zu Tode flog? Ich jedenfalls fühle mich den Vögeln weiterhin zutiefst verbunden, bemerke aber auch, dass die Vielfalt in den letzten Jahren geschrumpft ist. Der Himmel möge sie in unserer technisierten Welt behüten und ihnen weiterhin die ihnen gemäßen Brutgebiete und Wege zeigen, die sie seit Jahrtausenden kennen und bewohnen, denn – was wäre unsere Welt ohne Vögel?

Und noch ein bisschen älter

Vor ein paar Tagen schloss ich mich wieder dem ‚Besucher-Ring' an, um im Theater den ‚Barbier von Sevilla' zu sehen. Ich stand in kalter Dunkelheit und wartete auf den Bus. Er kam nicht und kam nicht. Nach geraumer Zeit erwog ich, nach Hause zu gehen, doch da hörte ich das unverkennbare Geräusch eines Busses, der nahte.

„Wollen Sie ins Theater?", fragte der Fahrer durch das Fenster zu mir herüber.

„Aber ja, schon lange!", rief ich.

„Na, dann springen Sie mal über die Straße und steigen sie schnell ein. Bei mir standen Sie woanders auf der Liste. Ich bin Ihretwegen umgekehrt", sagte er. „Wenn nicht eine Dame gewusst hätte, dass Sie hier warten, wären Sie heute nicht ins Theater gekommen!"

„Von zehnmal, die wir fahren, sind neunmal Fehler in der Abholliste!", schalt die getreue Dame, die sich meiner erinnert hatte.

„Wir müssen uns wirklich beschweren!"

Nach Beschweren war mir aber in dem Augenblick gar nicht zumute. Ich stieg ein und sah mich einem bis auf den letzten Platz mit ‚Silberlöckchen' gefüllten Wagen gegenüber. So viele auf einmal hatte ich noch nie in einem Bus gesehen. Ich schrak zurück und wäre beinahe wieder ausgestiegen, wenn der Fahrer nicht zur Eile gemahnt hätte. Ganz hinten fand ich zum Glück noch einen Platz neben einer grauenhaft hustenden Dame. Die Luft war zum Schneiden, und wieder fühlte man sich wie in der Gespensterbahn, bis man endlich die Lichter der schönen Stadt erblickte.

Im Theater war es genauso voll wie im Bus. Alte bis uralte Menschen so weit das Auge sah.

„Meine Güte, lauter Senioren!", flüsterte meine Nachbarin. „Wie ist das möglich? Ganz grässlich, nicht wahr? Man hat das Gefühl, als hätte man sich verirrt. So alt sind wir doch schließlich noch gar nicht, oder?"

„Nun, immerhin auch 76 und 81, nicht wahr?", entgegnete ich, gab ihr aber im Stillen recht. Alle anderen waren zweifellos viel älter, waren Greise und Greisinnen, denen man sich nicht zugehörig fühlte.

Und da fange ich, noch bevor der Vorhang sich hebt, zu grübeln an. Der Zustand des höheren Alters ist irgendwie schizophren. Neulich sagte ich zu meiner Tochter:

„Ich fühle mich geistig wie 53, körperlich aber wie 98."

„Was?", schrie sie entsetzt, „geistig so alt wie ich? 53 sagst du! Willst du mich beleidigen? Siehst du in mir etwa schon eine Greisin?"

„Nein, nein", versuchte ich sie beruhigen. „Es muss nicht 53 sein, vielleicht auch 58 oder 60. Nur eben wie 80 noch nicht."

Aber wie müsste man sich denn mit 80 fühlen? Das ist die große Frage.

Wenn man vernünftig ist, gibt man zu, dass man wohl langsamer geworden ist, nicht nur im Handeln, sondern wahrscheinlich auch im Denken. Unter stillem Vorbehalt natürlich gibt man es zu, um nicht wieder in irgendein Fettnäpfchen zu treten. Denn im Grunde genommen glaubt man es gar nicht, weil man es selbst nur selten bemerkt. Man bemerkt auch nicht, dass man schwerhöriger geworden ist, und beim Sehen hilft schon lange die Brille. Aber die tragen ja auch Menschen schon mit 53. Der Alterungsprozess ist uns Betagteren einfach nicht oder doch nur selten bewusst. Seltsam, aber wahr. Redet uns die Verkäuferin beim Schlachter ungehörig mit ‚Oma' an, so empfinden wir es als Beleidigung. Sprechen wir aber selbst darüber, dass wir Enkel, ja, vielleicht sogar Urenkel haben, dann erfüllt uns ein Gefühl des Stolzes. Manchmal machen wir uns ohne Gewissensbisse jünger, weil es ja gefährlich sein kann, sein Alter zu verraten. Man hört so viel Böses von Menschen, die unsere Schwäche ausnutzen. Aber sind wir denn schwach? Haben wir nicht zum Teil noch genügend Zähne im Mund, um zubeißen zu können und gelegentlich auch wehrhafte Haare darauf? Es kommt allerdings auch vor, dass wir mit unseren Jahren protzen. Im Bus beispielsweise:

„Oh, schon 86?? Donnerwetter, so sehen Sie aber nicht aus."

„Ja, und dabei gehe ich noch jeden Mittwoch zum Schwimmen. Man darf sich doch nicht gehen lassen, nicht wahr? Aber hören Sie mal, junger Mann, können Sie nicht vielleicht aufstehen und mich alte Frau sitzen lassen? Na, sehen Sie! Es ist doch eine Schande, dass man keine Ehrfurcht mehr vor dem Alter hat."

Schizophren, ich sage es ja!

Und so geht es auch mit unseren Gefühlen. Ich sehe meinen alten Kochlöffel an, während ich im Spinat rühre. Sollte ich ihn nicht mal erneuern? Die Plastikrundung hat schon Blessuren, und die Farbe ist bis zur Unkenntlichkeit abgeschabt. Nein, er hat mir jahrelang treu gedient, und für die restliche Zeit lohnt die Ausgabe auch nicht mehr. Plötzlich aber erfasst mich der Leichtsinn. Ich erinnere mich daran, dass ich als Schülerin gern Armbänder trug. Das klapperte so nett beim Schreiben auf dem Schultisch. Viele Jahre lang habe ich keine Armbänder mehr besessen und getragen. Wie wäre es, wenn ich mir mal ein Armband kaufte, vielleicht sogar ein teures, was meine Würde unterstreicht? Oder meine Jugend?

An einem Tag ist man traurig und denkt darüber nach, wie lange man wohl noch allein in seiner Wohnung leben kann und was danach passiert. Wehmütig geht man durch die vertrauten Straßen in der Gewissheit, dass man sie eines Tages nicht mehr gehen wird. Man denkt daran, dass unsere Eltern und Großeltern einst auf den gleichen Straßen liefen. Wo sind sie hingegangen, und wo wird man selbst hingehen?

An anderen Tagen erfasst uns Panik über alles, was wir versäumt haben. Wie gern wollte ich Ägypten sehen, Israel, Venedig oder die Naturreservate in Kenia. Und mancher macht sich dann im letzen Augenblick noch auf weite Reisen, setzt die letzten Kräfte ein, um nachzuholen, was ihm bisher versagt blieb. Aber ist es im Angesicht der Ewigkeit notwendig, alles gesehen zu haben? Natürlich fragt man sich fast täglich nach dem Sinn des Lebens und dem, was danach kommt. Mal meint man, dass es einem ganz egal wäre, weil doch alles nach Naturgesetzen verläuft, mal wirft man sich dem lieben Gott an die väterliche Brust und fleht ihn an, doch Erbarmen mit uns zum Tode Verurteilten zu haben, uns zu schonen und uns seine Engel mit ausgebreiteten Armen zu senden.

Nein, ich glaube wirklich, dass keine einzige Lebensphase so zerrissen von widerstreitenden Empfindungen und Gedanken ist, wie diese letzte. So wie alte Hunde sich keine Schmerzen an-

merken lassen, weil sie befürchten müssen vom
Rudel verlassen einem schrecklichen Ende aus-
gesetzt zu sein, so verbeißen auch wir uns die
Schmerzen des ‚98-jährigen Körpers' so gut es
irgendwie möglich ist. Wir wollen noch nicht an
das Pflegeheim denken, selbst dann nicht, wenn
es sich ‚Seniorenresidenz' nennt, denn so alt sind
wir schließlich wirklich nicht, nicht wahr, liebe
Nachbarin?

Aber sie hat meinen Gedankengängen schon
lange nicht mehr folgen können. ‚Der Barbier'
hat sie mit seiner herrlichen lebensvollen Musik
voll im Griff. Das macht jung! Man hat bei dieser Aufführung das Klassische mit dem Moder-
nen auf lustige Weise verbunden. Die Gewänder
entsprechen der Zeit des Rossini, Mitte des 19.
Jahrhunderts, dennoch nimmt Figaro gelegentlich ein Handy ans Ohr und schließt eine elek-
trische Trockenhaube an. Es wirkt absolut wie
ein Gag und bringt uns zum Lachen. Und damit
entspricht es auch meinen Ideen über den schi-
zophrenen Zustand des Alters. Wir Alten sind
alle die Figaros, Grafen Almaviva und Gräfin-
nen Rosine unserer Aufführung. Wir gehen innerlich in unseren alten Gewändern und telefo-
nieren doch mit dem Handy am Ohr. Wir wissen
nicht recht, was für uns die eigentliche Realität
ist, und es wäre gut, wenn wir über uns und
unsere Probleme lachen könnten, wie wir es im
Theater taten. Das Leben ist eben irgendwie auch

ein Theater, das haben schon Klügere gewusst und ausgesprochen.

Der Bus hat mich brav in unser kleines Dorf zurückgebracht und fast vor der Haustür abgesetzt. Trotz all der vielen ‚Silberlöckchen', zu denen wir nicht gehörten, war es doch ein schöner, lustiger Abend.

Am nächsten Tag fragte ich meine Tochter, ob sie mich sehr arrogant fände.

„Aber so kennen wir dich doch!", antwortete sie.

Und nun schäme ich mich ein wenig, denn um am Ende ganz ehrlich zu sein, gehörten wir natürlich auch zu all diesen ‚Silberlöckchen'. Allzu sehr sogar! Niemand ist sich so nah, wie die Menschen einer Generation, die alle Erinnerungen bis in die früheste Kindheit hinein teilen. Nur von ihnen kann man bei fast allen Empfindungen Verständnis voraussetzen. Nur sie sehen die Welt mit denselben Augen, wissen, fühlen und denken wie wir. Ja, sie sind uns die nächsten Menschen, mit denen wir gemeinsam vor dem himmlischen Richter Verantwortung tragen werden für unsere erlebnisreiche Epoche, für unseren Umgang mit Natur und Menschen und dafür, wie wir die schöne Welt den Nachkommen hinterlassen.

Ameisen im Herbst

Wir haben September, und die Tage werden spürbar kürzer und kühler. Ob es nun so schön ist, wie wir es verdient hätten? Ich weiß es nicht so recht. Auf jeden Fall ist es noch einmal wärmer geworden, nachdem es im Harz schon geschneit hatte und mancher am Abend die Heizung anstellte. Zu diesen Menschen gehörte auch ich, denn ich bewege mich zu wenig und friere schnell. Aber die letzten beiden Tage war es wärmer, und ich konnte mich wieder nach draußen begeben und die noch immer so schöne grüne Welt bewundern. Mir macht es Freude, die Namen der verschiedenen Pflanzen zu kennen.

„Hallo Königskerze, hallo Schafgarbe und Taubnessel, hallo Wegerich! Wie schön dass ihr wieder da seid."

Es gibt mir ein Gefühl der Freundschaft, wenn ich ihre Namen kenne, und wenn ich zurückkomme, greife ich gleich das kleine Flora-Büchlein, um nachzuschauen, wie die eine oder andere unbekannte Pflanze hieß. Dieses Bedürfnis, Namen zu kennen zeigt, dass ich noch weit davon entfernt bin, weise zu sein, Gott sei Dank! Dennoch liebe ich das schöne Gedicht von Morgenstern, das mir oft im Hinblick auf Namen in den Sinn kommt:

Der Tor
Was kümmert mich, mein kluger Freund,
zu lernen,
wie dieser Berg, wie diese Blume heißt.
sie gehen in mich ein wie Geist in Geist,
warum durch Namen sie von mir entfernen?
Ei wohl, ich bin ein Tor in Erdendingen,
mich lockte nie der Schritt der Wissenschaft,
mir fehlte stets der Ernst, die Lust, die Kraft,
die Bildung meiner Zeit mir aufzuzwingen.
Unwissend bin ich sehr und ungegründet
in allem schier, wozu Gedächtnis not.
Und doch, ich sterbe einen ruh'gen Tod –
ein Weiser dort, wo eure Weisheit mündet.

Christian Morgenstern mag sich selbst als diesen Toren empfunden haben, besaß er doch ein großes Potenzial an Weisheit, das nichts mit Namen, Wissenschaft und Forschung zu tun hatte. In den ‚Galgenliedern' beglückt er die Welt mit seiner wundervollen, närrischen Phantasie, und ich hoffe, er ist einen ruhigen Tod gestorben. Er war mir nahe, während ich mich an diesem herbstlichen Land erfreute.

Wo sind denn jetzt eigentlich die Ameisen?, dachte ich plötzlich. Vor kurzem suchte meine Tochter in meinen Aufzeichnungen verzweifelt einen Artikel über Ameisen. Der Ordnung halber. Sie brauchte das A für den Beginn des Inhaltsverzeichnisses. ‚Ameisen', ‚Ameisen', ‚Ameisen' klapperte sie auf der Tastatur herum. Aber es gab keinen Artikel über Ameisen, und ich beschloss, dieses Manko zu beheben. Nicht, dass ich Sehnsucht nach ihnen gehabt hätte, aber irgendwo müssen sie doch auch jetzt noch sein, dachte ich, nachdem ich ihnen vor wenigen Wochen in Haus und Garten überall begegnet bin?

Wozu hat man das Internet? Ich fragte nach Ameisen und bekam so ausgiebig Antwort, dass es mich überall kribbelte. Sie sind Insekten. Ja, das wusste ich. Sie sind Hautflügler. Das konnte ich mir denken, denn ich beobachtete oft ihren Brautflug. Dass aber auch Menschen Ameisen züchten, die verschiedensten Sorten suchen und anbieten, das war mir neu. Sie sind also keineswegs nur lästige Krabbeltiere in Haus und Garten, nein, sie haben auch gute Eigenschaften. Sie sind die Polizei des Waldes und sorgen dafür, dass Aas und Schädlinge verschwinden. Ich meine auch gehört zu haben, dass Ameisensäure sogar für medizinische Zwecke verwendet wird. Dass man aber im Hinblick auf Ameisen über ‚Weltmacht' spricht, fand ich unheimlich. Weltmacht Ameise! Dazu Bilder, die einem das Fürchten lehren. Ich bin nur froh, dass ich bisher nur zweimal Grund hatte, sie zu erwähnen. Das erste Mal war eine recht negative Erfahrung.

Vor einigen Jahren im Sommer schrieb ich: Käfer und andere Krabbeltiere schienen in diesem Jahr eher dezimiert – bis auf die Ameisen. Sie hatten sich Zugang zu unserer Wohnung verschafft und versuchten in drei Heeressäulen meine Küche zu erobern, was ihnen auch gelungen ist. Meine Gegenwehr verlief nahezu erfolglos, auch wenn ich mit Zimt, Ameisen-Vernichtungsmittel und schließlich mit dem Staubsauger versucht habe, ihrer Herr zu werden. Die ‚Weltmacht' war stärker als ich - und sie ist es noch, wenn auch die Plage langsam nachlässt.

Was habe ich nicht alles wegwerfen müssen, weil es von Ameisen wimmelte: Backpflaumen, kandierte Kirschen, Marmeladen, Kuchen, ja, selbst die schönen ‚Schaumküsse' bei denen sie durch die Risse in der Glasur bis zum süßen Schaum vorgedrungen sind. Alle möglichen Obstreste, eingezuckerte Erdbeeren, Apfelschalen, ja selbst Kirschkerne im Abfalleimer. Es war wirklich zum Verzweifeln und erfüllte mich langsam mit solchem Zorn und Ekel, dass ich jede Ameise tötete, die mir über den Weg lief. Und das will bei mir schon etwas bedeuten. Ich hörte gelegentlich davon, dass Tiere, Hunde, Katzen, Raubtiere und so weiter eine ‚Hoheitszone' um sich herum haben, die man respektieren und nicht in sie eindringen soll. Man muss einen gewissen Abstand wahren, der den Tieren das Gefühl der Sicherheit gibt. Nach meinen Gefühlen den Ameisen gegenüber zu urteilen, haben wir Menschen auch so einen Hoheitskreis, den wir gewahrt wissen wollen. Und wenn so ein dummes, aufdringliches Getier wie die Ameise einfach hemmungslos die Grenzen durchbricht, wird auch ein sanfter Mensch, der bemüht ist, die Tiere zu lieben und zu achten, plötzlich aggressiv und wehrt sich im wahrsten Sinne des Wortes ‚seiner Haut'. Und doch tut es mir leid, denn auch Ameisen kommen nicht ohne Grund.

Eine zweite Erfahrung ist positiver. Die spöttische Aussage meiner jüngsten Tochter: ‚Der Sommer fiel in diesem Jahr auf'n Sonntag', wurde sofort Lügen gestraft. Es zogen goldene, warme Tage herauf, die uns dazu verlockten, uns auf das ‚Rentnerbänkchen' am Teich zurückzuziehen, wo die kleine Fontäne plätscherte und die Seerosen blühten. Wir beobachteten den großen Steinhaufen, der zur Dekoration und auch als Stütze für den Gartenschlauch am Rande des Gewässers angelegt wurde. Schon vor Jahren haben Ameisen diesen Haufen bezogen und sich bisher ziemlich unauffällig verhalten. Man bemerkt sie nur daran, dass die Erde in den Ritzen zwischen den Steinen wie braungrauer Gries aussieht, den man möglichst nicht berühren sollte. Die Ritter dieser Burg gehen sonst schnell zum Angriff über und können unangenehm beißen. Während wir noch die kleine Steinpyramide betrachteten, sahen wir ein paar geflügelte Ameisen zum Vorschein kommen, die aber bald wieder verschwanden. Ich ging fort, um mich in den Beeten zu betätigen. Kurz darauf rief meine Tochter, und schon beim Umdrehen sah ich unzählige silbergeflügelte Ameisen in die Höhe schweben. Innerhalb von Sekunden hatten sich sämtliche Löcher und Ritzen des Steinhaufens geöffnet und - wie beim Ausbruch eines Vulkans - waren die Heerströme von Bräuten und ihren Freiern daraus emporgequollen. Von ihren silbernen Flügeln glänzten und glitzerten die grauen Steine plötzlich wie Diamanten. Pausenlos hoben Schwärme der Heiratslustigen ab und tanzten hinauf in die Sonne.

Was für ein Gefühl muss es für die Erdgeborenen sein, die bisher nur das Dunkel ihres armen wimmelnden Haufens kannten, zu bemerken, dass sie fliegen können, alle Widerstände zu brechen und dem Licht entgegenzustreben? Wir waren tief beeindruckt.

Die fleißigen Arbeiterinnen, denen keine Flügel geschenkt waren, eilten zwischen ihren Zöglingen umher, ermunterten Unentschlossene zum Abflug und ließen keine Ruhe, bis nur noch die Einheimischen zurückgeblieben waren. Wer nicht fliegen wollte oder konnte, musste sterben.

Zur gleichen Zeit sah ich, dass auch rechts von uns unter der hölzernen Einfassung des Quittenbaumes Ameisenschwärme wie Silber flimmernd hervorquollen. Es machte den Eindruck, als wenn Wasser aus den Wurzeln des Baumes heraussprudelte, das die Sonne gleißen ließ. Ein wirklich wunderbares Erlebnis, egal, ob man nun Ameisen mag oder nicht.

Wer gibt den Anstoß zum Aufbruch? Wieso beide Ameisenhaufen zum gleichen Zeitpunkt? Warum erst nachmittags um 16 Uhr 30, wenn den meisten Tieren doch nur ein einziger Lebenstag vergönnt ist? Möchte man nicht denken, dass man dann schon morgens um 6 Uhr aufbricht?

Ja, so etwas mögen Menschen mit ihrem Zeitgefühl denken. Tiere werden von ihrem Instinkt geleitet, und der richtet sich nach anderen Kriterien.

Nun, zwanzig Minuten später lag der Steinhaufen wieder still, grau und mürrisch in der Nachmittagsglut. Der Sand rutschte langsam zurück über die Löcher und Ritzen. Ein großer Ameisentag hatte sein Ende gefunden und das Inhaltsverzeichnis kann geordnet werden. Es gibt jetzt einen Artikel über Ameisen, ein A.

Heupferd um Mitternacht

Also, meine Zeitung! Ich kann sie nicht genug loben! So fand ich kürzlich folgende Meldung aus Wuppertal auf einer der aktuellen Seiten und war lange damit beschäftigt, über diese Mitteilung nachzudenken. Vorab sei angemerkt, in Wuppertal habe ich liebe Freunde, und alles, was dort passiert, ist für mich von höchstem Interesse! Also:

„Zwei Frauen suchten in Wuppertal bei der Polizei Zuflucht, weil sie sich vor einer Kakerlake in ihrem Auto fürchteten. Die Beamten gewährten den beiden Asyl und durchsuchten das Auto, fanden aber nur eine tote Motte. Sie rieten den Frauen zu einer Grundreinigung des Autos."

Ja, ist das nicht optimal? Gerade das ist es, warum ich meine Zeitung so liebe. Sie übersieht nichts, was zur Information ihrer Leser wichtig ist! Und sie trägt mit solchen Mitteilungen weit über ihre Grenzen hinaus zur Bildung ihrer Leser bei.

Jeder von uns weiß nun, dass man sich bei Gefühlen von Panik und Angst, und sei es auch nur

vor einem kleinen Käfer im Auto, an unsere tüch-
tige Polizei wenden kann. Diese tritt sofort auf
den Plan und würde auch, sofern sie ihn fände,
furchtlos auf das grässliche Insekt treten, denn
dafür ist sie unter anderem ausgebildet worden.
Außerdem begeistert der kluge Hinweis, das Auto
mal einer Grundreinigung zu unterziehen. Wenn
jetzt noch die Mitteilung käme, dass die Beamten
sowohl das Asyl-Gewähren als auch ihren muti-
gen Einsatz und den klugen Hinweis ohne weitere Kosten ausführten, so würden mir die Tränen
kommen. Donnerwetter, was für eine Polizei in
Wuppertal! Vorbildlich auch für alle Beamten bei
uns! Wie sehr es wieder mein Vertrauen in unsere Ordnungshüter stärkt!

Auf meine diesbezügliche Schilderung hin, antwortete umgehend ein lieber Freund, der in einem kleinen Dorf hoch im Schwarzwald wohnt:
„Mit Kakerlaken verhält es sich ähnlich wie mit
dem Schwimmen. Die Landsleute hier kennen
keine Kakerlaken, sie gehen auch nie ins Frei-
bad. Wir aber kennen sie gut. In Duisburg, im
Zentrum, lebten und vermehrten sie sich im Kel-
ler. Fremdenfeindlichem Denken zufolge stamm-
ten sie vom ‚Chinesen', der nebenan sein muffi-
ges Lokal betrieb. Vor ihm flüchteten sie und
wanderten durch alle Häuser, denn die Wände
waren durchbrochen für die Fernheizung. Gruse-
lig, auch nur das Fahrrad heraufzuholen. Wenn
man Licht machte, blickte man in das erschrok-

kene Rennen und Fliehen. Nachts stiegen sie durch den Lüftungsschacht herauf; sie plumpsten in die Badewanne, wo sie hilflos wurden. Wenn man in der Früh noch heiteren Gemütes gern geduscht hätte, saßen sie dort und blickten verlegen. Kammerjäger zu beauftragen war sinnlos; die ganze Straße hätte es ja gleichzeitig machen müssen. Das Gesundheitsamt der Stadtverwaltung lehnte ab. Kakerlaken stehen nun mal nicht in der ,Liste deutscher Schädlinge'. Erst auf die Drohung hin, dass ,Bild' oder ,Spiegel' sich den Spaß nicht entgehen lassen würden, kam dann doch Bewegung in die Angelegenheit."

Diese Antwort hat mir so gut gefallen, dass ich sie hier gern der Allgemeinheit zur Kenntnis gebe. Ich antwortete meinem Freund, dass wir zum Glück bei uns hier auch keine Kakerlaken haben, dafür aber, besonders in diesem wunderbaren Sommer mit anderen Schrecken konfrontiert worden sind: Vor zwei Tagen kam ich gegen Mitternacht in mein Schlafzimmer und freute mich auf das frisch bezogene Bett. Schon von fern bemerkte ich mit meinen leicht getrübten Augen, dass da etwas auf dem hellblauen Laken lag, und ich überlegte, was ich wohl dort hingeworfen haben könnte. Meine Uhr? Ein Lesezeichen? Die Nagelschere?

Vorerst kümmerte ich mich nicht darum und ging ins Bad, wo ich um der großen Hitze willen (29 Grad) alle Hüllen bis auf die Unterhose fallen ließ. Und so stand ich dann in hilfloser Blöße einem riesengroßen grünen Heupferd gegenüber, das mich ebenfalls ‚verlegen' anblickte. Wie konnte es nur dahin gekommen sein, wo doch alle Fenster mit Gaze versehen sind? Ein Heupferd von der Größe meines Handtellers hatte ich zudem hier schon jahrelang nicht mehr gesehen.

Kein tatkräftiger Mann mehr greifbar, alle Nachbarn schon im Tiefschlaf. Jetzt fiel mir die Wuppertaler Polizei ein. Sollte ich den Notruf wählen ‚110'? Nein, die Dreistigkeit der beiden Wuppertaler Damen hatte ich dann doch nicht. Es blieb mir nichts anderes übrig, als mich mit meinem Heupferd selbst gütlich zu einigen, denn es musste jetzt – sofort – entschieden werden, wer in dem frisch bezogenen Bett schlafen durfte, der Heuschreck oder ich! Versuchen wollte ich es wenigstens, mich durchzusetzen und näherte mich vorsichtig mit einem vasenähnlichen Glas. „Bleib sitzen, Heupferd! Bitte bleib sitzen!", sprach ich ihm gut zu und musste zu meiner größten Erleichterung feststellen, dass das Tier schon eingeschlafen war. Na ja, um Mitternacht! Begreiflich! Ohne viel Mühe konnte ich ihm das Glas überstülpen und von unten mit einer Karte verschließen. Jetzt ließ sich mein Gast noch einmal gut betrachten. Wunderschön und sehr beeindrukkend nahm er sich bei Lampenlicht aus in seinem grünen Frack mit den schillernden Flügeln. Dazu die langen, seinen ganzen Körper überspannenden Fühler und die großen Augen an seinem Pferdekopf. Trotzdem, in meinem Bett hatte er nichts zu suchen! Ohne Rücksicht darauf, wer mich in meiner Nacktheit hätte beobachten können, riss ich das nächste Fenster auf und ließ ihn fliegen oder springen oder nur fallen. Diese Tiere sind sehr vielseitig. Noch immer recht verunsichert, ob er wohl der einzige seiner Art in meinem Zimmer war, schaute ich noch in jeden Winkel, bevor ich glücklich mein erobertes Bett bestieg.

Inzwischen hörte ich, dass man diese Tiere sogar mitten in Großstädten antreffen kann, wo sie in Baumkronen wohnen. Auch dort tauchen sie unversehens in Konferenzräumen, Büros, Krankenzimmern oder Restaurants auf, wo sie erheblichen Schrecken hervorrufen und damit ihrem Namen alle Ehre machen. Ja, manche Menschen leiden sogar unter einer Phobie gegen solche Krabbeltiere. Ich aber fand gerade eine Karte mit der Abbildung eines schönen Heupferdes, unter der stand:

‚Alles ist ein Wunder, wird es mit den Augen von Liebe und Verstehen betrachtet'.

Ja, das ist wohl die Haltung, um die man sich bemühen sollte.

$\mathscr{V}$om Verhältnis zu den Dingen

Es liegt schon einige Jahre zurück, dass ich im Zug unfreiwilliger Zeuge eines Gespräches zwischen zwei Frauen wurde.

„Ich bin so hungrig! Wenn ich nach Hause komme, werde ich mir ein leckeres Kotelett braten. Salat habe ich noch, und Kartoffeln sind schnell gekocht. Ich freue mich schon jetzt darauf", meinte die eine. Die andere antwortete:

„Versteh ich überhaupt nicht. Seit ich allein bin, koche ich nie mehr für mich. Ich werde doch nicht nur für mich die Küche schmutzig machen! Nee, nee, kommt nicht in Frage. Meist geh ich zum Mittagstisch, oder ich esse ein paar Brote."

Ich sah die Sprecherin ziemlich fassungslos an. Sie war mittleren Alters, dunkelhaarig, nüchtern und ohne jede warme Ausstrahlung. Wenigstens für mich, die ich ihre Einstellung damals überhaupt nicht verstehen konnte. Ich hatte noch Spaß am Kochen und am Backen. Ich experimentierte sogar gelegentlich mit neuen Rezepten, genoss die Erfolge oder war untröstlich über Fehlschläge, die mich dann aber bald zu neuen Taten anstachelten. Allerdings - ich hatte noch eine Familie, die sich aufs Essen freute und immer gern und dankbar aß.

Trotzdem habe ich diese Frau nie vergessen, denn als ich vor einigen Jahren nur noch für mich zu sorgen hatte, verstand ich sie plötzlich. Ich hatte keine Lust mehr zu kochen. Es fehlte mir sowohl an jeglicher Phantasie hinsichtlich dessen, was ich hätte kochen können als auch an Appetit und Elan. Ja, ich dachte genau wie sie: 'Warum sollte ich für mich allein einkaufen, kochen, kurz, die Küche schmutzig machen?' Schon der Gedanke daran, dass man immer wieder essen musste, war Fron. Also drückte ich mich lange Zeit um die Küchenarbeit herum, ging auch gelegentlich zum Mittagstisch im nächsten Ort oder brachte Fertiggerichte mit.

Diese Apathie dauerte fast anderthalb Jahre. Dann auf einmal erinnerte ich mich gewisser Gerichte, die ich früher gern gegessen hatte: Kohlrouladen, Apfelpfannkuchen, Selleriesuppe und Kaffeecremespeise. Hmmm! Je länger ich daran dachte, umso mehr Appetit bekam ich darauf, und eines Tages betrat ich dann meine Küche mit der stillen Bitte um Vergebung. Sie war nicht nachtragend. Ich fand alles so vor, wie ich es einst angeordnet hatte und griff tatkräftig in Schränke und Schubladen. Ja, richtig, die Töpfe! Ich hatte sie größtenteils als Kostbarkeit direkt nach dem

Krieg erstanden. Sie waren inzwischen über 50 Jahre alt und noch immer erzeugten sie den gleichen Klang, wenn ihre Deckel auf dem kochenden Wasser zu tanzen begannen. Der Durchschlag. War er nicht aus einem Stahlhelm der Wehrmacht gepresst worden? Und die alte Reibe, ein wenig rostig zwar, aber noch scharf genug, um mich bei Ungeschicklichkeiten in den Finger zu beißen. Die Kochlöffel, schon ganz schartig und etwas kürzer gerührt, das kleine vergraute Sieb, Zitronenpresse, Trichter und all das Geschirr. Eine vernachlässigte, aber doch gleich wieder vertraute Welt feierte Auferstehung, als ich mir zum ersten Mal wieder einen Nudelauflauf bereitete.

Inzwischen weiß ich, dass uns die Dinge des täglichen Gebrauchs mehr sind als nur irgendwelche Gegenstände. Wir bauen eine innere Beziehung zu ihnen auf, gewisse Teile unseres Gemüts scheinen sie im wahrsten Sinne des Wortes zu beseelen. Noch heute gellt mir der Schmerzensruf meiner Mutter in den Ohren, nachdem mein Mann, der gerade nach sieben harten Soldatenjahren in unseren Haushalt zurückgekehrt war, ihr Lieblingskännchen hatte fallen lassen.

„Oh, ausgerechnet d a s Kännchen!"

Sie lamentierte, bis er verzweifelt (oder wütend?) die Küche verließ, und war untröstlich! Es ging ja nicht nur darum, dass man nach dem Krieg kein neues Kännchen kaufen konnte, nein, es ging um die innere Bindung, die meine Mutter zu diesem einen besonderen Kännchen aufgebaut hatte. Kännchen ist nicht gleich Kännchen. Die Form, das Dekor, die beglückende Art und Weise des Gießens lässt so ein Kännchen zum Freund werden, ja, man liebt es. Dass mein Mann dafür nicht das geringste Verständnis hatte, ist mir aus der heutigen Sicht erklärlich. Ich denke kaum, dass er seinem Wehrmachts-Essgeschirr jemals mehr abgewinnen konnte als den praktischen Nutzen.

Mein Bruder aber, den ich eben zum üblichen Sonntagsplausch anrief, hätte gewiss gewusst, worum es geht. Er war gerade dabei, zwei uralte Korbstühle zu reparieren, da seine Frau gedroht hatte, das Sommerhaus nie mehr zu betreten, wenn es diese Stühle nicht mehr gäbe. Obwohl er beim Anblick der schon mehrfach geflickten Stühle wohl etwas verzweifelt den Kopf geschüttelt haben mag, hatte er sich doch an die Arbeit gemacht. Auch Stühlen kann man nämlich warme Sympathie entgegenbringen. Wer wusste das besser als er, den erst kürzlich der Wunsch seiner Frau, den geliebten Ohrensessel neu zu beziehen, in eine tiefe seelische Krise gerissen hatte. Noch immer konnte er sich nicht so recht an das schmucke neue Outfit gewöhnen und meinte, doch nicht ganz so gemütlich darin zu sitzen wie zuvor.

So ist das mit unserem Verhältnis zu den Dingen, und jeder wird diese Empfindungen kennen, besonders, wenn es um sein Auto geht. Das Auto nimmt absoluten Persönlichkeitscharakter an. Es hört häufig auf einen Namen und wird gelegentlich mehr geliebt und gepflegt als der Ehepartner. Ich besitze kein Auto und überlege, was mir wohl die wichtigsten Gegenstände sind.

In erster Linie natürlich der Schlüssel, der Hausschlüssel. Ich habe zwar kein so warmes Verhältnis zu ihm wie vielleicht zu irgendeiner schönen Vase, einem Bild oder dem kleinen Küchenmesser, das am besten schneidet. Nein, das nicht, aber ich schätze ihn. Er hat Funktionen von höchster Wichtigkeit, denn was hilft mir mein Haus, wenn ich ohne Schlüssel vor der Tür stehe? Er ist überhaupt ein sehr symbolträchtiger Gegenstand. ‚Entschlüsseln', ‚verschlüsselt', 'schlüssig, 'entschlossen', ‚schlüsselfertig' und endlich sogar die ‚Schlüsselblume' sprechen davon. Immer geht es um das Öffnen, was dann oft auch mit dem Erkennen dessen, was man zuvor nicht wusste, gleichzusetzen ist. Die Schlüsselblume ist ein Symbol Mariens, weil sie den Sohn gebar, der uns den Himmel ‚erschloss'.

Der zweitwichtigste Gegenstand ist mir heute die Taschenlampe. Ich besitze eine von der Größe einer Kleinkaliber-Feuerwaffe und bin redlich bemüht, sie immer an den gleichen Platz zulegen, um sie notfalls auch im Dunkeln sofort finden zu können. Auch bei ihr geht es um das Erkennen, wenn auch in anderer Art als beim Schlüssel. Hier will ich wirklich sehen, mir ein

Bild machen, ja, auch beleuchten und finden. Alte Augen sind nun mal fast immer etwas trübe und können in dunklen Schränken und dunklen Ekken keine Nuss mehr von einer Spinne unterscheiden. Da es äußerst unangenehm ist, wenn die Nuss, die man greifen will, plötzlich auf acht erschreckend langen Beinen eilig davon hastet, schaut man vorsichtshalber erst mal mit der ‚Feuerwaffe', ob es wirklich eine Nuss ist. Auch Bücher verschwinden im Dunkel der Borte, und bei Gläsern besteht akute Gefahr, sie zu zerschlagen, wenn man ohne Lampe auf vergeblicher Suche nach dem einen, dem besonderen Glas ist.

Ein Licht in der Finsternis ist ebenso symbolträchtig wie der Schlüssel. Man denke nur an den Leuchtturm, über den man Geschichten oder Gedichte schreiben könnte oder den überraschenden Geistesblitz, der schlagartig Licht ins Dunkel bringt. Und genau das tut auch eine Taschenlampe. Ja, meine Kleinkaliberwaffe ist mir wirklich sehr ans Herz gewachsen, denn ohne sie wäre ich in vielen Situationen verloren. Vielleicht ist sie sogar wichtiger als der Schlüssel, denn manchmal muss ich sie holen, um ein Schlüsselloch zu finden. Aber gut, das Schlüsselloch ist nun wieder eine andere Sache..

Doch genug der Erwägungen. Ich komme zurück auf jene Reisende, die mich zu meinen Gedanken bewog. Wahrscheinlich ist sie inzwischen auch längst rückfällig geworden und hat sich der

Küche und ihrer Vorteile erinnert. Andernfalls kann ich sie wirklich nur bedauern, denn – Schmutz hin, Schmutz her – die Küche ist der Frau, wie dem Mann die Werkstatt ein Garten Eden, aus dem man sich nicht ohne Not vertreiben lassen sollte.

Heimat

Man kann mit Glücksgefühlen erwachen, man kann weinend erwachen, aber dass man singend erwacht, kommt doch schon seltener vor. Mir ist es heute passiert. Ich sang ganz laut und inbrünstig: ‚Wo findet die Seele die Heimat, die Ruh' – ein altes Kirchenlied, das in unserer Zeit wohl kaum mehr irgendwo angestimmt wird. Mir aber stand, als ich ganz erwacht war und dieses Lied noch immer summte, ein lang vergessenes Bild vor Augen. Ich sah meine sehr alte Großmutter, die damals schon leicht verwirrt war, klein, zart und hinfällig in einem viel zu groß erscheinenden Bett liegen. Neben ihr saß die Pflegerin und hielt ihre Hände. Gemeinsam sangen sie mit dünnen zittrigen Stimmchen dieses Lied mit dem Refrain: ‚Nein, nein, hier ist sie nicht. Die Heimat der Seele ist droben im Licht'. Jeden Abend wieder erklang der Choral aus dem Zimmer der sterbenden Großmutter. Auf einmal sah ich alles wieder ganz klar vor Augen, und das Lied, erfreut noch einmal aus meinem Bewusstsein aufgetaucht zu sein, ließ sich lange nicht wieder verscheuchen.

Ja, Heimat! Inzwischen ein fast anrüchiger, zum Mindesten ein recht antiquierter Begriff. Als nach dem Krieg die vielen Flüchtlinge neue Lebensmöglichkeiten in ihnen damals ganz fremden Gebieten suchten, spielte die Heimat noch eine große Rolle. Mit berechtigtem Kummer sehnten sie sich nach der Heimat, in der sie sich problemlos zurecht gefunden hatten, in der sie wohlhabender und glücklicher gewesen waren. Ihre Phantasie malte die verlassene Heimat in immer leuchtenderen Farben. Alles war dort – Heimat wie es schien, – so viel besser gewesen.

Obwohl die Menschen, die den Flüchtlingen zu helfen versuchten, Opfer brachten und ihnen Wohnraum zur Verfügung stellten, blieben die Vertriebenen traurig und verstanden die Mentalität derer nicht, die sich ihrer angenommen hatten. Umgekehrt war es ebenso. Man stand sich zwar bemüht, aber doch innerlich ratlos und oft verschlossen gegenüber. Denn eine Heimat ist etwas Seltsames und lässt sich nicht so von heute auf morgen ersetzen. Noch immer leben in meiner Umgebung Flüchtlinge, die nach wie vor Ostpreußen, Schlesier, Pommern oder Russlanddeutsche geblieben sind und in der neuen Heimat nie Wurzeln geschlagen haben.

Woran liegt es denn? Ich glaube, dass die Bindung zwischen Menschen und ihrer Heimat kosmische Gründe hat. Die besondere Einstrahlung der Sonne bestimmt irgendwelche Entwicklungen des Körpers, der Seele und des Geistes. Jeder Landstrich hat seine Bäume, seine Blumen und Tiere, und jeder Landstrich hat auch seine Menschen. Sie haben sich von den Früchten genährt, die dort wuchsen, sie haben dort ihre ‚Muttersprache' gelernt und wurden früh mit den Sitten und Gebräuchen ihrer Heimat vertraut. Es gab die besondere Sprache, die besonderen Lieder, die besonderen Feste und die besonderen Gerichte.

Wie fremd man sich in einem anderen Land fühlt, habe ich erstmalig feststellen müssen, als wir nach dem Krieg aus Norddeutschland in ein kleines hessisches Dorf am Vogelsberg verschlagen wurden. Ich hatte das Gefühl, auf einem anderen Stern gelandet zu sein. Die Menschen waren durchweg kleiner und dunkelhaariger als ich. Sie kleideten sich anders, und von ihrer Sprache verstand ich kein Wort. So norddeutsch blond und blauäugig kam ich mir vor wie ein großes Rindvieh in einer Herde graziler Heidschnucken. Und dabei war ja auch Hessen ein deutsches Bundesland, wenn auch damals im Gegensatz zu Lübeck, das englische Besatzung hatte, unter amerikanischer Besatzung. Aber das fiel am wenigsten ins Gewicht. Das Gefühl, dort irgendwie nicht hinzugehören, war gravierender. Nun ist ja der Mensch zum Glück ein ‚Gewohnheitstier' und passt sich irgendwann an, auch wenn er eine stille

Sehnsucht nach der Heimat weiterhin immer in sich trägt. In vielen deutschen Volksliedern drückt sich diese Sehnsucht aus und wenn man sie hört, diese Lieder, dann spürt man auf einmal eine unbestimmte Trauer, ja, es kann vorkommen, dass man weinen muss.

Nun hat sich, wie gesagt, die Welt inzwischen so radikal verändert, dass junge Leute wohl kaum noch ein solches Verhältnis zur Heimat haben wie wir Alten. Wir sind alle dabei, Weltbürger zu werden und reisen mit Flugzeugen, Bahn und Autos rund um den Erdball, den wir in jedem auch noch so abgelegenen Winkel kennen lernen möchten. Wir versuchen, uns in fremden Sprachen zu verständigen, kennen und lieben Früchte und Gerichte aus anderen Ländern, tragen unser Geld über den Globus, um alles zu erstehen, was uns in anderen Ländern und Kulturen reizvoll erscheint. Die ,Heimat' hat die Kraft der Bindung weitgehend eingebüßt und hat als Begriff das Rührselige verloren. Die anfangs nach dem Krieg überall gegründeten Vereine der Heimatvertriebenen, in denen man versuchte, etwas von dem, was man an seiner Heimat geliebt hatte, zu erhalten, sind heute fast verschwunden. Man scheut sich inzwischen, in der Weise von der Heimat zu sprechen, wie man es damals noch tat und erinnert sich nur ungern daran, dass dieser Begriff einst einen fast negativen Beiklang hatte. ,Nun ade du mein lieb Heimatland – lieb Heimatland ade!'

Inzwischen sind Sprachen gestorben, Sitten und Lieder vergessen, und eine internationale Bevölkerung gibt dem ‚lieben Heimatland' ein ganz neues Gesicht. Und das nicht nur in Deutschland. Überall auf der Welt gibt es Vertriebene, Flüchtlinge, die sich nach ihrer Heimat sehnen und lernen müssen, mit einer neuen Umwelt, einer neuen Realität zurechtzukommen. Trotzdem glaube ich, dass der Ort der Geburt, der ja auch in jedem Horoskop eine Rolle spielt, weiterhin einen Einfluss auf den Menschen hat, ob er dadurch nun eine Bindung zur Heimat verspürt oder nicht. Für uns Alten aber mag das oben erwähnte Lied mit seiner Aussage über die Heimat ‚droben im Licht' doch irgendwann vielleicht ebenso tröstlich sein, wie es das einst für meine alte Großmutter war.

Mittsommer

Mittsommer – eine zauberhafte Zeit! Das Wetter ist zwar wechselhaft und nicht allzu warm, aber die Natur zeigt sich in überwältigender Schönheit. Pfingstrosen, und Lilien, Lupinen und Marienglockenblumen, Mohn, Lavendel und Rosen, Rosen, Rosen, alles blüht, alles duftet. Und die Nächte sind so hell, dass man weiße Blumen noch um 23 Uhr wie Sterne leuchten sehen kann. Am Himmel wechseln dunkle Wolken mit grellen Durchblicken. Faszinierende Beleuchtungen. Regen und Sonne. Mal ist es schwarz und dann wieder so hell, dass man die Augen schließen muss. Gerade ging wieder ein kräftiger Guss nieder und nun blitzen, zittern und glitzern die Tropfen auf allen Blättern und Blüten. Keine mit Edelsteinen geschmückte Schatzkammer könnte diese funkelnde Pracht überbieten. Und doch ist alles so schnell vorbei. Früher hätte ich Gedichte geschrieben, um meinen Eindrücken Ausdruck zu verleihen. Das war hilfreich und befriedigend, aber auch diese Phase ging vorbei. Gedichte sind heute anders, als ich sie früher reimte. Man reimt nicht mehr. Früher hätte ich auch in Briefen versucht, andere an meinem Empfinden teilhaben zu lassen. Auch das geschieht nur noch selten und in gemäßigter Form. Man ist gefühlsscheu geworden im Laufe der Jahre, denn man spürt, dass man sich heute nicht mehr so ausdrücken darf und auch nicht könnte wie in jugendlichen Jahren. Der Zeiger der großen Weltenuhr ist um ein paar Striche weitergerückt. Wir leben in einem neuen Zeitalter, in einer anderen Entwicklungsphase, die manches verblassen lässt, was einmal im Rampenlicht stand.

Überhaupt, wer schreibt denn noch? Ich meine Briefe. Natürlich hat der Postbote fast jeden Tag eine ganze Hand voller Makulatur, die er in meinen Briefkasten wirft. Ich werfe sie gleich weiter in die Papiertonne, die man uns praktischerweise vor die Tür gestellt hat. Denn so viel Post, wie heute gab es im Briefkasten bisher noch nie. Man wird geradezu überschwemmt mit Papier und wüsste sich kaum zu retten, wenn nicht die blaue Tonne zur rechten Zeit zu Hilfe gekommen wäre.

Leider sind die persönlichen Briefe in dem Maße weniger geworden als die Reklame zugenommen hat. Und dabei hat der persönliche Brief nie an Reiz verloren. Jeder ist beglückt, wenn er einen solchen erhält, aber leider ist er meist zu beschäftigt, ihn auch in dieser Form möglichst bald zu beantworten. Jugendliche behaupten, sie wüssten

nichts zu erzählen, was nur allzu begreiflich ist.
Durch den Fernsehspaß ist die eigene Phantasie
nicht mehr gefragt und dämmert nun so dahin.
Es fällt einem wirklich nichts mehr ein. Zudem
geht die Kommunikation ja viel leichter, schnel-
ler und problemloser durchs Telefon oder andere
elektronische Kanäle. Ältere Leute haben das
Schreiben seit der Schulzeit nicht mehr geübt. Da
ist dann auch die Hand ungelenk geworden und
die richtige Schreibweise vergessen. Glück-
wunsch- oder Trauerkarten gibt es praktischerweise schon im Vordruck. Wozu also schreiben?

Und doch ist das Schreiben etwas so Wunder-
volles! Es gab und gibt auch noch immer ganze
Bücher, die in Briefform geschrieben worden sind.
Ähnlich wie Tagebücher. Ich mag das sehr, vielleicht um der kürzeren Kapitel willen, oder weil
jede Eintragung eine neue Stimmung spiegelt.
Schließlich bin ich ja auch selbst ein Tagebuch-
schreiber und habe diese Tätigkeit mein ganzes
Leben lang als ungemein hilfreich empfunden.
Wahrscheinlich mochte ich das Märchen von der
Gänsemagd deshalb so besonders gern, weil die
arme verstoßene Königstochter dem Ofen ihr Leid
klagen durfte. Ohne dass sie es wusste, hörte der
alte König zu, was für sie zur Rettung und Erlö-
sung wurde. Das Tagebuch ist so etwas wie dieser
Ofen. Man weiß zwar nicht, wer zuhört und ob es
irgendeinen Sinn hat, aber es tut gut, sich Dinge
von der Seele zu schreiben. Ein Tagebuch ist

schließlich wie ein Ofen diskret und verschwiegen. Bei Briefen kann es schon anders sein. Der Weltliteratur würde manches fehlen, wenn nicht viele bedeutende Leute wunderschöne Briefe geschrieben hätten, auch wunderschöne Liebesbriefe. Denn die Zeit der ersten großen Liebe ist eine unglaublich kreative Zeit, eine Zeit, in der die Seele für nie geahnte Wunder aufgeschlossen ist und manchmal auch den Mut hat, sich darüber zu äußern. Ich allerdings hatte bei meiner ersten großen Liebe Pech. Ich schrieb auch voller Leidenschaft. Der Jüngling aber hatte nichts Besseres zu tun, als meinen Brief laut in seiner Klasse vorzulesen. Alles bog sich vor Lachen. In der gleichen Klasse saß unglücklicherweise auch der junge Mann, der mir seit längerem den Hof gemacht hatte und mit dem ich ab und an sehr brav am Abend spazieren ging. Dem hat dieser dumme Brief fast das Herz gebrochen, und um die Freundschaft war es geschehen. Ich habe mich gegrämt und geschämt und gelernt, dass man beim Briefeschreiben in vieler Hinsicht Vorsicht walten lassen muss.

Trotzdem, man sollte sich davon nicht abschrekken lassen, denn ein Brief ist immer ein besonderes persönliches Geschenk, von dem man viel mehr hat, als von einem noch so netten Telefonat. Schon sein Äußeres, die besondere Briefmarke und die Handschrift des Ehemannes, des Kindes, des Freundes oder der Freundin beglückt, und man freut sich (meist) darauf, den Umschlag zu öffnen. Der Brief bleibt einem, man kann ihn mehrfach lesen und sich mehrfach freuen (oder ärgern). Das Telefonat fliegt den Gedanken bald wieder davon, denn es klingelt schon wieder das Telefon. Ich befürchte, dass das Telefon, das Handy und der PC, dem persönlichen Brief den Garaus machen werden, und vielleicht belächelt man Briefe eines Tages als Überbleibsel einer fernen Vergangenheit, so wie wir heute ägyptische Hieroglyphen und Steinzeichen der Inka bestaunen, aber nicht mehr verstehen. Das ist das Problem mit den Zeigern der großen Weltenuhr, die unaufhörlich weiter rücken. Nur die Briefe vom Finanzamt, die Rechnungen der Handwerker und die Mitteilungen der Ämter und Gerichte, die gab es schon bei den Inkas und in Ägypten. Sie werden uns auch in Zukunft erhalten bleiben.

Kassandra, die Spinne

Es ist Herbst und vor meinem Küchenfenster bewohnt eine Kreuzspinne seit mindestens drei Wochen ihr Netz. Wenn man einsam ist, sorgt selbst eine Kreuzspinne für Unterhaltung. Also wird das Fenster, solange sie dort lebt, nicht geputzt. Als ich sie zum ersten Male sah, war sie noch jungfräulich, zart und klein. Das Netz entsprach ihren Körpermaßen. Ich nannte sie Kassandra.

Bald hatte sie gute Jagdzeiten, fing manchmal zwei bis drei Fliegen am Tag oder noch mehr. Mücken interessierten sie nicht. Sie wurde dick und fett, und ihr Netz wuchs. Es passte sich ihrem Körpermaß immer im rechten Verhältnis an. Ein wunderschönes Netz! Dann kamen stürmische Tage. Zahllose Birken- und andere Samen verfingen sich in dem Kunstwerk. Meine Spinne saß resignierend in einem anderen Gespinst, das ein Männchen in der Fensterecke unter ihr gebaut hatte. Jeden Morgen aber war das eigene Netz wieder heil, sauber und schön wie am er-

sten Tag. Kassandra war eine unermüdlich fleißige Spinnerin. Es folgten Regentage. Da fiel sie
in eine tiefe Depression. Ich machte mir schon
ernsthafte Sorgen. Sie hockte nur noch in der
besagen Ecke, immer in der gleichen Stellung, die
Beine angezogen bis auf ein Vorderbein, das weiterhin Kontakt mit dem Netz hielt wie ein Tele-
fondraht. Sie rührte sich nicht. Das Netz wurde
auch des Nachts nicht repariert. Aber am nächsten sonnigen Tag war alles wieder in Ordnung.

Da näherte sich ein Männchen. Man kann sich
gar nicht vorstellen, wie winzig die Männer der
Kreuzspinne sind. Sie haben zwar auch verhält-
nismäßig lange Beine, die in der Zeichnung den
Weibchen gleichen, aber der Leib ist nur ein Schat-
ten. Sie machen den Eindruck, als äßen sie ihr
Leben lang überhaupt nichts. Sie können auch
kein Netz spinnen, wohl aber jenes unsymmetri-
sche Gespinst. Und sie können an langen Fäden
durch die Luft schweben wie Spinnenbabys, die
uns durch diese Fähigkeit mit dem ‚Altweibersom-
mer' beglücken. Das Begatten der Spinnen ist für
die Männchen mit großen Gefahren verbunden,
denn die Geliebte verwechselt sie nur allzu leicht
mit einer willkommenen Beute. So wagte sich
auch dieser kleine Kerl nicht an das Monsterweib
heran. Er versuchte es zwar mal von rechts und
mal von links, ließ dann aber von seinem Vorha-
ben wieder ab und verschwand am langen Faden
einfach in der Luft.

Wie stark muss der Fortpflanzungstrieb sein, wenn ein Männchen es schließlich doch wagt!

„Ach", meinte unsere Tochter, der ich von meinen Beobachtungen berichtete, „der Spinnerich weiß es ja nicht. Niemand wird es ihm erzählen, denn die meisten Männer überleben die Hochzeit nicht."

Richtig! Und dennoch glaube ich, dass er instinktiv etwas ahnt. Heute war wieder ein Männchen im Gespinst, und flog unverrichteter Dinge davon. Das starke Geschlecht scheint also doch oft den Mut zu verlieren, und darum ist lange nicht jede Annäherung erfolgreich. Und glücklich schon gar nicht. Aber über Glück werden sich Spinnen wohl nicht den kleinen Kopf zerbrechen.

Ich finde, dass eine Spinne auch sehr einsam ist. Mit niemandem in Gemeinschaft und selbst in der Partnerschaft gefürchtet. Wie viel besser haben es da die Bienen, Wespen, Ameisen in ihren großen Staaten. Selbst Heuschrecken leben in Schwärmen, Silberfischchen, Kellerasseln und andere Krabbeltiere zumindest dicht beieinander. Dafür ist die Spinne ein Tier, das produktive Arbeit leistet, um zu leben. So etwas gibt es, die Bienen einmal ausgenommen, doch im ganzen Tierreich kaum. Gut, jagen, weiden oder Körner suchen ist auch eine Art Arbeit, aber ein Netz spinnen, das den Eindruck eines nach mathematischen Gesetzen entworfenen Kunstwerkes macht, das ist schon einzigartig. Im Mittelalter wurden

Spinnennetze sogar wie Gaze zum Verbinden von Wunden benutzt. Kreuzspinnen sind vielleicht nicht liebenswert, aber Bewunderung kann man ihnen nicht versagen.

Je herbstlicher es wurde, umso schlampiger wurde Kassandra. Und eines Tages war sie weg. Vielleicht hatte eine Meise sie erspäht oder sie war einfach nur runtergefallen? Wer soll es wissen? Ich auf jeden Fall brauchte mir nun keine Sorgen mehr um ihr Schicksal zu machen und konnte endlich mein Fenster wieder putzen.

Der gute Freund

Wer morgenmuffelig erwacht,
allein den Kaffee trinkt,
wen kein Beruf, kein harter Job
mehr an die Arbeit zwingt,
dem ist die Zeitung in der Früh
ein guter Freund fürwahr.
Sie steckt im Kasten schon um sechs,
stets pünktlich, das ist klar.

In schönen Farben obenauf gleich
alles Aktuelle,
Politiker, ein Unfall auch,
die Feuerwehr zur Stelle.
Ich lese mit Interesse gleich,
was kluge Leute sagen
und weiß genau, mich alte Frau
wird niemand mehr befragen,

wie dies und das zu ändern sei
und ob es mir gefällt,
denn über siebzig kann man kaum

viel ändern in der Welt.
Ich lese, dass die schnelle Bahn,
die hoch auf Stelzen fährt,
in China nun genehmigt ist,
was mich nicht sehr beschwert.

Die Welt ist doch schon schnell genug,
sie rollt mir schier davon!
Ich werde immer langsamer.
Es ist der reine Hohn!
Dann schau das Horoskop ich an,
lass täglich Weg mir weisen:
„Sie kränkten Ihren Liebsten sehr
und sollten mal verreisen.

Und die Kollegen flüstern bös
gar manches hinterm Rücken.
Sie stehn darüber, denn schon bald
wird Sie ein Lob beglücken!"
Ach, Sterne, die ihr freundlich lacht
an nächtlichen Gezelten,
was meine Zeitung von Euch sagt,
das kann für mich nicht gelten.

Ich habe keinen Liebsten mehr
und auch Kollegen keine.
Das Reisen fällt mir bitter schwer
von wegen lahmer Beine.
So merke ich von Blatt zu Blatt,
das nüchtern ich betrachte,

dass vieles mich nicht mehr betrifft,
was meine Zeitung brachte.

Doch eines baut mich wieder auf
und gibt mir neuen Mut.
Das ist das Rätsel jeden Tag,
das tut mir wirklich gut.
Es stellt sich mir, es nimmt mich ernst
und fordert mich heraus.
Ich geh erbarmungslos drauf ein
und krieg es immer raus!

Noch.

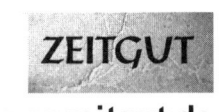